Why, YC

BOOK
JOURNALISM

Why, YC

발행일 ; 제1판 제1쇄 2018년 7월 2일 제1판 제5쇄 2023년 7월 1일
지은이 ; 김동신·김로빈·김윤하·빅터 칭·정진욱·하형석·임정욱
발행인·편집인 ; 이연대 CCO ; 신아람 에디터 ; 김세리
지원 ; 유지혜 고문 ; 손현우
펴낸곳 ; ㈜스리체어스 _ 서울시 중구 한강대로 416 13층
전화 ; 02 396 6266 팩스 ; 070 8627 6266
이메일 ; hello@bookjournalism.com
홈페이지 ; www.bookjournalism.com
출판등록 ; 2014년 6월 25일 제300 2014 81호
ISBN ; 979 11 86984 64 2 03300

북저널리즘은 환경 피해를 줄이기 위해
폐지를 배합해 만든 재생 용지 그린라이트를 사용합니다.

BOOK
JOURNALISM

Why, YC

김동신 · 김로빈 · 김윤하 · 빅터칭 · 정진욱 · 하형석 · 임정욱

: 이 책에는 YC에 도전해 합격하고 3개월간의
프로그램을 거친 한국 기업인 여섯 명의 인터뷰
가 밀도 높게 소개되어 있다. YC를 경험한 한국
팀, 한국계 창업자가 많지 않아 더욱 귀중한 체
험담이다. YC에서 무엇을 배우고 체험했는지,
실리콘밸리는 한국과 무엇이 다른지, 한국 창업
가들이 글로벌 시장에 진입할 때 필요한 조언과
인사이트를 압축적으로 담고 있다.

차례

5

서문　　　　　　실리콘밸리에는 YC가 있다

세계 최고의 창업사관학교, YC

스타트업 액셀러레이터의 효시라고 할 수 있는 와이콤비네이터(Y Combinator, 이하 YC)를 처음 접한 것은 지금으로부터 10년도 더 된 2008년 1월이었다. 당시 다음커뮤니케이션에서 일하고 있던 내게 미국의 지인이 MIT(매사추세츠 공과 대학) 벤처 경진 대회에서 1등을 한 팀이라며 두 명의 미국 젊은이들을 소개해 줬다. 한국을 방문한 그들은 YC라는 회사가 실리콘밸리에서 개최하는 '스타트업 스쿨Startup School' 행사에 꼭 참가해 보라는 얘기를 했다. 하루짜리 행사인데 실리콘밸리의 유명한 창업가들이 연사로 나와 도움이 되는 이야기를 해 준다는 것이었다. 스타트업이란 용어도 생소했던 시기여서 "그런 좋은 행사가 있다니"하며 신청했지만, 창업자가 아니어서 퇴짜를 맞았던 기억이 난다. 돌이켜 보니 이미 그때부터 YC는 창업가들을 키우는 일에 초점을 맞추고 있었던 것 같다.

또 하나의 기억은 베스트셀러《제로 투 원》으로 유명한 실리콘밸리의 투자자 피터 틸Peter Thiel이 2015년 3월 서울을 방문해 강연했을 때다. 스타트업얼라이언스가 한경BP 출판사와 공동 주최한 강연회를 시작하면서 피터 틸과 잠시 이야기할 기회가 있었다. 기억에 남는 그의 질문은 "한국에도 YC 같은 곳이 있는가?"였다. 프라이머, 스파크랩스 같은 곳이 있다고 대답했다. YC에 상당히 관심이 있구나 생각했는데, 그가 미국으로 돌아가자마자 YC펀드에 출자하고 파트타임 파트너로 참여한다는 발표가 났다. 피터 틸도 YC를 인정하는구나 싶어서 놀랐던 기억이 있다(피터 틸은 트럼프 지지 선언 이후 지금은 YC와 결별했다).

YC는 세계적으로 최고의 명성을 가진 스타트업 액셀러레이터다. 2005년 폴 그레이엄Paul Graham, 제시카 리빙스턴Jessica Livingston, 트레버 블랙웰Trevor Blackwell, 로버트 태판 모리스Robert Tappan Morris 등 네 명이 공동으로 시작했다. 처음 4년간은 실리콘밸리 지역인 캘리포니아주 마운틴 뷰Mountain View, 하버드와 MIT가 있는 교육 도시 매사추세츠주 케임브리지Cambridge에서 함께 운영했다. 그러다가 2009년부터 마운틴 뷰에서만 프로그램을 진행하고 있다.

YC의 얼굴이라고 할 수 있는 폴 그레이엄은 1996년 비아웹Viaweb이라는 인터넷 전자 상거래 회사를 창업해 1998년 야후에 성공적으로 매각한 사람이다. 뛰어난 프로그래머이기도 하고 성공한 창업가이기도 하지만, 무엇보다도 그를 유명하게 만든 것은 블로그에 연재한 에세이다. 엔지니어와 창업자들에게 큰 울림을 주는 그의 글을 묶어서 2004년 출간된 책 《해커와 화가》에는 명문이 가득하다. 그래서 그는 '해커 철학자'라고 불리기도 한다. 많은 이들이 그의 글을 읽고 창업의 꿈을 키웠다. 초기 단계 스타트업은 제품이나 서비스를 개발하는 과정에서 온갖 어려움을 겪기 마련이다. 이런 시행착오를 줄이고 어떻게 하면 스타트업을 빨리 성장시킬 수 있을까 하는 주제에 관심이 있던 폴 그레이엄이 투자자로 변신해 YC를 시작한 것은 어찌 보면 당연한 귀결이었다.

그의 접근 방법은 남달랐다. 실리콘밸리의 벤처 캐피털 vc들은 1년에 수백 개에서, 많으면 1000개의 스타트업 투자를 검토한다. 그들은 투자 결정을 위해 수많은 사업 계획서를 치열하게 리뷰하고 창업자들을 만난다. 하지만 그렇게 해서 기껏해야 10~20개의 스타트업에 투자하는 것이 보통이다. 초기에 투자할수록 실패 확률이 높은 데다 너무 많은 회사에 투자하면 매번 투자 의사 결정을 하는 것도 부담이 되고, 사후 관리도 쉽지 않기 때문이다.

그런데 YC는 마치 학교에서 매 학기 신입생을 뽑듯 정기적으로 스타트업을 선발한다. 그렇게 선발된 모든 스타트업에 똑같은 기업 가치로 일정액을 투자한다. 아무리 좋은 스타트업이라도 YC의 일률적인 투자 조건을 받아들이지 않으면 YC의 일원이 될 수 없다. 거만해서 그런 것이 아니라 투자 의사 결정의 복잡성을 줄이려는 것이다. 그리고 스타트업들에게 3개월간 특훈을 제공한다. 3개월의 과정을 마친 학생(스타트업)들은 실리콘밸리 투자자들을 청중으로 두고 사업 계획을 발표하는 졸업식 행사(데모데이)를 갖는다. 비교적 소액의 투자금, 3개월간의 멘토링, 데모데이. 이 세 가지가 YC의 핵심이다. 구체적인 투자, 교육 방식은 다음과 같다.

　　매년 두 번, 스타트업을 선발해 각각 12만 달러를 투자한다. 6월에서 8월까지 진행되는 여름 배치batch와 1월에서 3월까지 진행되는 겨울 배치를 뽑는다. 지난 2018년 겨울 배치에서는 140개 팀을 선발했다. 이 중 32.6퍼센트가 B2BBusiness to Business 분야, 27퍼센트가 일반 소비자 대상, 17.7퍼센트가 바이오 및 헬스 케어 기업이었으며 교육, 핀테크, 블록체인, 농업, 정부 관련 스타트업이 뒤를 이었다. 이 중 35퍼센트가 미국 밖에서 온 회사였다. 미국을 제외하고 23개국 팀이 참가했다. 2018년 겨울 배치에 참가한 한국 스타트업은 없었다. 참가 팀의 평균 나이는 30세였다.

　　YC는 이들에게 각각 12만 달러를 투자하고 7퍼센트의 지분을 가져간다. 단순 계산으로 각 회사의 기업 가치를 약 170만 달러 정도로 매기는 셈이다. 하지만 이 단계에서 기업 가치 산정valuation을 하는 것은 아니다. 첫 투자에는 향후 시리즈A 투자 시 YC가 계속 7퍼센트의 지분을 유지하면서 추가 투자를 하겠다는 의미가 담겨 있다. 역시 단순 계산으로 한 배치의 모든 팀에 투자하는 총 투자금은 1680만 달러(약 180억 원)가 된다. 140개의 좋은 팀에 골고루 소액 투자했다는 점을 고려하면 그렇게 많은 돈은 아닌 것 같다.

투자를 받은 스타트업은 실리콘밸리에서 3개월을 보낸다. 12만 달러라는 돈은 공동 창업자들이 실리콘밸리에 와서 5~6개월 정도 지내기에 적절한 금액으로 간주된다. 투자받은 스타트업들이 일할 사무 공간까지 제공해 주는 많은 액셀러레이터와는 달리 YC는 사무 공간을 제공하지 않는다. 마운틴 뷰에 각종 행사를 여는 공간을 하나 가지고 있을 뿐이다. 3개월 동안 YC 파트너들이 선발된 스타트업들에게 상담과 조언을 해주는 오피스 아워Office Hours 프로그램이 진행된다. 주로 제품 개발 및 비즈니스 모델에 대한 상담이 오가며 인사, 조직 문화, 네트워킹 등 다양한 주제에 대한 조언도 이뤄진다. 매주 선발팀이 모두 모이는 위클리 디너에는 창업가, 투자자, 저널리스트, IT 기업의 임원 등이 연사로 나와 자신의 경험을 들려주고 조언을 해준다. 스타트업과 연사들의 인연은 단발성으로 끝나지 않고 투자 관계로 이어지는 경우가 많다.

YC 과정이 마무리되는 10주 차에는 데모데이를 개최해 모든 스타트업이 갈고닦은 제품, 서비스를 투자자와 언론 앞에서 발표한다. 데모데이에는 아무나 참가할 수 없다. YC에서 초대한 투자자나 언론만 참석할 수 있다. 참가 신청을 할 수는 있지만, 허가 여부는 YC의 결정에 달려 있다. 스타트업들의 발표는 이틀에 걸쳐서 진행된다. 한 팀당 발표 시간은 겨우 3분 내외다. 데모데이가 완료된 다음 날은 인베스터 데이Investor

Day를 진행한다. 투자자가 원하는 스타트업과 20분간 일대일로 미팅을 할 수 있다. 인베스터 데이에서 좋은 투자자들과 미팅을 많이 가지려면 데모데이 발표를 잘해야 한다.

한마디로 YC는 고성장의 가능성이 있는 스타트업을 찾아내 그들이 더 빨리 성장할 수 있도록 도와주는 액셀러레이터다. 그리고 그들이 적절한 후속 투자를 받을 수 있도록 실리콘밸리 최고의 투자자들을 모아서 연결해 준다. YC도 후속 투자자가 되어 계속 밀어준다. 말 그대로 '성장 가속기'인 셈이다.

스타트업 생태계 혁신의 리더

YC에 들어가는 것은 마치 하버드 대학에 들어가는 것과 비슷하다. 평범해 보이는 사람도 "하버드를 나왔다"고 하면 다시 보게 되는 것처럼, 스타트업 세계에서 "YC를 나왔다"는 것도 비슷한 효과가 있다. 투자자들도 YC를 졸업한 스타트업이라고 하면 대충 넘기지 않고 다시 보려고 한다. 더 자세히 검토하려고 한다. 뭔가 있을 것이라고 생각하기 때문이다.

초기에는 배치당 수십 개의 팀을 받았던 YC는 요즘 배치당 100개가 훨씬 넘는 팀을 받고 있다. 너무 많다는 비판도 있지만, 양적 규모를 키운 덕에 2005년 이후 1780여 개 팀에 투자했다. YC는 보통 공동 창업자가 두 명 이상인 팀에 투자한다. 그래서 현재는 약 3500명의 창업자가 포진한 거대한 스타트업 커뮤니티가 됐다. YC가 투자한 회사들의 현재 기업 가치를 모두 합하면 800억 달러(약 86조 원)가 훌쩍 넘는다. 이 중 에어비앤비Airbnb, 드롭박스Dropbox, 스트라이프Stripe 등 10여 곳은 기업 가치 10억 달러가 넘는 회사가 되어 유니콘 스타트업의 성공 사례가 됐다. YC는 이처럼 약 10년 만에 실리콘밸리에서 가장 성공한 액셀러레이터로 발전했다.

그러나 YC의 명성을 성공적인 투자 결과로만 설명할 수는 없다. YC는 액셀러레이터를 넘어 전 세계 스타트업 생태계에 변화를 일으킨 혁신의 리더이기 때문이다. YC가 주도한 혁신은 크게 네 가지다.

(1) 초기 스타트업의 투자를 활성화하다

투자자의 입장에서 아직 제품이나 서비스가 제대로 완성되지 않은 초기 스타트업에 투자하는 것은 지극히 어렵다. 창업 아이디어나 기술이 미성숙하고, 제품 및 서비스도 고객에게 제대로 검증되지 않은 상태이기 때문이다. 또한 사후 관리가 어렵다. 그 때문에 투자금을 잃을 확률이 무척 높은 것이 사실이다. 스타트업을 크게 성공시켜 본, 이미 업계에서 검증된 창업자가 새로 시작하는 곳이 아닌 이상 VC들의 외면을 받기 일쑤다. 실력 있는 엔젤 투자자를 만나는 방법도 있지만 인맥이 없는 경우에는 그마저도 쉽지 않다. 초기 스타트업의 성공률이 낮은 이유다.

YC는 이처럼 실패 위험이 높은 초기 스타트업으로 눈을 돌리고 공격적으로 투자한다. 그것도 1년에 몇십 개가 아닌, 300개 가까운 스타트업에 투자한다. 시리즈A 단계에서 투자하는 VC 입장에서는 YC의 이런 활동이 환영할 만하다. 수천, 수만 개의 스타트업 중 투자할 만한 좋은 회사를 골라내는, 크게 품이 드는 일을 YC가 대신해 주기 때문이다.

이후 YC의 성공을 따라 초기 스타트업에 투자하는 액셀러레이터가 증가하고 있다. 콜로라도 볼더Boulder에서 시작한 테크스타스Techstars, 실리콘밸리 마운틴 뷰에서 시작한 500 스타트업스Startups가 가장 잘 알려진 YC의 경쟁자다. 한국에도 프라이머나 스파크랩스 같은 액셀러레이터가 생겨 활발하게 운영되고 있다. YC는 새로운 액셀러레이터 모델로 전 세계적 초기 스타트업 투자 붐을 만들어 낸 투자 기관이라 해도 과언이 아니다.

(2) 창업자 중심의 스타트업 커뮤니티를 형성하다

스타트업이 투자받고자 할 때 보통 아쉬운 쪽은 투자자가 아니라 스타트업이었다. 스타트업이 상세한 사업 계획과 창업자의 이력을 투자자에게 제공하는 데 반해, 투자자에 대한 정보는 구하기 어려웠기 때문이다. 그래서 투자자가 투자 결정을 내리면 불리한 조건에도 덥석 무는 경우가 많았다. 그러나 이제는 YC 안에 3500명의 창업자 커뮤니티가 형성돼 있다. 잠재 투자자에 대한 정보가 궁금하다면 경험이 있는 YC 출신 창업자에게 물어보면 된다. 이제는 투자 과정에서 투자자가 정도에 어긋나는 비열한 행동을 하면 YC뿐만 아니라 스타트업 커뮤니티 전체에 금세 소문이 난다. 그 투자자는 기피 인물이 되고 좋은 회사에 투자할 기회를 잃게 된다. 이처럼 투자자들도 돈 이상의 가치를 스타트업에게 제공하지 못하면 좋은 회사에 투자하기 어려운 상황이 됐다. YC는 스타트업 생태계의 무게 중심을 투자자에서 스타트업 쪽으로 옮겨 창업자와 투자자 간 균형에 큰 공헌을 했다.

(3) 빠른 스타트업 성장 방법을 만들고 전 세계에 확산시키다

실리콘밸리에서는 빠르게 프로토타입을 만들고 고객 반응을 얻어 개선해 나가는 린 스타트업Lean startup 방법론이 널리 퍼져 있다. 또 고객 방문 데이터, 재방문율, 각 마케팅 채널의 효과 등을 측정해 적은 비용으로 고속 성장을 끌어내는 그로스해킹Growth hacking 마케팅 기법도 유행이다. YC에 들어가면 이런 실리콘밸리식 성장 방법을 배울 수 있다. YC 스타트업들은 선배 창업자의 경험과 조언을 통해 데이터를 축적한다. YC는 앞에서 같은 과정을 거친 선배 창업자와 신생 스타트업을 연

결해 시행착오를 줄일 수 있도록 해준다. 해외에서 온 스타트업에게도 타깃 시장에서의 대응 방법을 알려줘 시야를 넓힐 수 있도록 돕는다. 도움을 받은 스타트업은 빠르게 성장할 뿐만 아니라 내공도 늘릴 수 있다. YC의 네트워크가 넓어지면서 이런 실리콘밸리식 고속 성장 공식도 전 세계 스타트업 생태계에 확산되고 있다.

(4) 스타트업 창업과 투자에 대한 인식을 제고하다

YC는 스타트업 창업에 대한 사회적 인식을 제고해 왔다. 각종 교육을 제공해 창업에 대한 벽을 낮추고 있다. YC의 스타트업 스쿨은 성공을 꿈꾸는 많은 예비 창업자에게 영감과 경험, 지식을 나눠 주는 귀중한 기회가 된다. YC는 2016년부터 아예 이 프로그램을 스탠퍼드대 학생들을 위한 교육 프로그램으로 제공하고 있다. 그리고 강연을 인터넷에서 무료 공개해 10주짜리 온라인 교육 코스 프로그램MOOC·Massively Open Online Course으로 운영하고 있다. 전 세계의 수많은 사람이 이 프로그램을 보며 스타트업 창업을 공부한다. 2018년 여름부터는 중국 베이징에서도 스타트업 스쿨을 진행한다. YC는 여기서 한 발 더 나아가 2018년 초부터 스타트업 인베스터 스쿨Startup Investor School, 즉 투자자들을 위한 교육 프로그램까지 운영하고 있다. 역시 모든 내용을 촬영해서 공개한다.

스타트업 생태계 활성화에 큰 공헌을 하고 있는 YC지만 비판론도 존재한다. 특히 예전에 비해 너무 많은 팀을 선발해 YC 스타트업 중에 좋은 팀을 쉽게 발굴하기 어려워졌다는 지적이 있다. 실제로 데모데이 이틀 동안 140개 팀의 발표를 전부 듣기란 쉬운 일이 아니다. 한 번에 선발되는 팀이 너무 많으니 별로 관심을 받지 못하거나 낙오되는 팀이 나올 수 있다. YC의 모든 스타트업이 프리미엄을 갖기는 어렵게 됐다는 뜻이다.

YC라는 브랜드를 이용해 너무 많은 지분을 싼값에 가져간다는 비판도 있다. 성과를 내서 이미 기업 가치가 꽤 높은 팀에도 너무 낮은 밸류에이션을 적용한다는 것이다. 그런 이유로 YC 등 유명 액셀러레이터에 충분히 들어갈 만한 실력이 되는데도 불구하고 바로 VC의 투자를 받는 곳이 적지 않다.

또 너무 젊은 창업자를 선호해 연령 차별을 하고 있다는 비판도 존재한다. 폴 그레이엄을 비롯한 YC 초기 파트너들이 "젊은 창업자들이 중장년 창업자들보다 밤낮없이 더 열심히 일한다"고 믿었기 때문인 듯하다. 최근에는 YC도 이런 지적을 경청하면서 변화를 모색하고 있는 것으로 보인다.

이 책에는 YC에 도전해 합격하고 3개월간의 프로그램을 거친 한국 기업인 여섯 명의 인터뷰가 밀도 높게 소개되어 있다. YC를 경험한 한국 팀, 한국계 창업자가 많지 않아 더욱 귀중한 체험담이다. 이들 대부분은 나도 호기심을 갖고 직접 만나고 이야기를 들어 본 분들이다. 나도 그들이 YC에서 무엇을 배웠는지가 궁금해서 열심히 질문했었다. 그런데 이 책에는 당시 내가 했던 것 이상으로 다양하고 집요한 질문이 있다. 여섯 명의 창업가가 YC에서 무엇을 경험했는지 입체적으로 끌어내고 있다. 어떻게 하면 YC에 들어갈 수 있는지, 3개월간 무엇을 배우고 체험했는지, 실리콘밸리의 스타트업 생태계는 한국과 비교해 무엇이 다른지를 생생하게 느낄 수 있다. 한국 창업가들이 글로벌 시장에 진입할 때 필요한 조언과 인사이트를 압축적으로 담고 있다.

실리콘밸리에는 기술 혁신만 있는 것이 아니다. 투자 방법의 혁신, 일하는 방법의 혁신이 있었기에 혁신 지대로서 세계 최고의 경쟁력을 갖출 수 있었다. YC는 세계 최고의 스타트업 창업사관학교로 자리 잡았다는 사실에 안주하지 않고, 더 적극적인 투자와 네트워크 확장을 계속해서 모색하고 있다. 투자한 스타트업이 더 빠르게 성장할 수 있도록 YC 스스로 누구보다 치열하게 새로운 혁신 성장 방법을 연구하고 실행한다. 많은 분들이 실리콘밸리의 혁신 원동력을 YC를 통해, 이 책을 통해 찾을 수 있기를 기대해 본다.

임정욱 스타트업얼라이언스 센터장

시어스랩(Seerslab)

2014년 5월 설립됐다. 2015년 5월 실시간으로 동영상을 편집하는 셀프 카메라 앱 '롤리캠'을 출시했다. 2016년 3월 미국 SXSW에서 글로벌 Top 10 혁신 미디어 스타트업으로 선정됐다. 2016년 5월 YC에 합격했다. 같은 해 10월 YC와 파운데이션 캐피털(Foundation Capital), 카카오벤처스 등으로부터 약 20억 원을 투자받았다. 2017년 3월 롤리캠 1000만 글로벌 다운로드를 달성했다. 2018년 현재 삼성전자, 페이스북, 디즈니 등 메이저 플랫폼과 제휴를 맺고 자체 얼굴 인식 기술과 증강 현실(AR) 콘텐츠를 제공하고 있다.

1 스탠퍼드, 하버드, 아니면 YC ;

정진욱 시어스랩 대표

스타트업계의 하버드

롤리캠lollicam은 어떤 서비스인가?

셀프 카메라(이하 셀카) 기능이 들어간 동영상 앱이다. 화면상
의 얼굴을 인식해 자동으로 보정하고 400종 이상의 스티커
로 얼굴을 꾸밀 수 있다. 우리 회사의 핵심 가치가 지루한 일
상을 즐겁게 만들자는 것이다. 싸이월드 미니홈피부터 카카
오톡 메신저까지 셀카로 자신의 얼굴과 취향을 드러내는 사
람들이 많아졌다. 롤리캠 출시 당시 셀프 이미지(사진)의 시
대가 이미 왔고, 그다음은 동영상의 시대가 될 것이라는 직감
이 들었다. 얼굴을 인식하는 페이스 트래킹 기술을 동영상으
로 끌고 오면 대중적인 호응을 얻을 수 있을 것 같았다. 그동
안 페이스 트래킹은 주로 B2B 기업에서만 사용됐다. 디바이
스의 잠금장치를 해제하거나 얼굴을 인식해서 인증하는 식
이었다. 우리는 좀 더 대중적인 활용 방안을 고민했다. 그 고
민의 결과물이 바로 롤리캠이다.

많고 많은 창업 아이템 중에 왜 하필 셀프 카메라였나?

10년간 삼성전자와 SK텔레콤에서 기술 기반 사업을 진행하

면서 근본적인 갈증이 있었다. 앞으로는 '쓰는 것'이 아닌 '보는 것'이 모바일 환경의 주류가 될 텐데, 대기업은 여전히 텍스트 메시징에만 매달리고 있었다. 결국 사표를 내고 2014년 5월 시어스랩을 창업했다. 시어스랩Seerslab이라는 이름도 미래를 내다보는 사람들의 실험실이란 뜻이다.

자본과 지원이 탄탄한 대기업에서 오래 근무하다가 사업을 한다는 것이 쉬운 결정은 아니었겠다.

앱 사업은 대규모 자금 투자 없이 키우기가 쉽지 않다. 큰 기업에서 유사한 서비스를 출시하거나, 아예 휴대폰 단말기에 같은 기능을 넣기도 한다. 큰 기업과 경쟁하려면 다른 곳에서 쉽게 따라 할 수 없는 우리만의 독자적인 기술이 있어야 했다. 다행히 시어스랩의 CTO가 카메라 앱인 푸딩카메라와 싸이메라에서 페이스 트래킹을 개발한 숙련된 엔지니어였다. 2014년까지만 해도 동영상 편집 기능을 제공하는 앱이 많지 않았기 때문에 빠르게 자리를 잡을 수 있었다.

롤리캠 출시 후 한 달 만에 10만 다운로드를 돌파했다.

마케팅 비용이 얼마 없었는데 고등학생과 대학생들이 SNS에

롤리캠으로 찍은 사진을 올리면서 자연스럽게 입소문이 났다. 우리끼리는 카메라의 역사를 바꿨다고 농담 삼아 말한다. 예전에는 셀프 동영상이라는 콘셉트 자체가 없었으니까. 그만큼 자부심이 있다.

비슷한 콘셉트를 가진 업체들과의 경쟁도 만만치 않았는데, 성공적인 결과다. 해외 사업에 선제적으로 나섰기 때문일까?

2016년에 다양한 곳에서 주목을 받으면서 사업 면에서도 탄력을 받은 것 같다. 미국 SXSW South by Southwest[1]에서 글로벌 Top 10 혁신 미디어 스타트업에 선정됐고, 첫 글로벌 파트너인 페이스북과도 제휴를 맺었다. 그리고 YC에 입성했다. 원래부터 글로벌 진출에 욕심이 있었다. 창업 초기에 미국에 진출해야겠다고 결심했다. 미국에서 베타 서비스를 출시할 때는 여행비자를 끊고 직접 시장 조사를 다녀오기도 했다. 그 결과 한 달만에 미국 앱스토어 포토, 비디오 분야에서 59위에 오를 수 있었다. 당시 미국에서 지내면서 YC라는 액셀러레이터를 알게 됐다. 막연하게 여기 멤버가 되면 좋겠다고 생각했다. 2015년 초에 지원했는데 깔끔하게 떨어졌다.

한 번 떨어진 곳인데 다시 도전할 마음이 들던가?

YC 2016년 여름 배치 마감 일주일 전에 샌드버드의 김동신 대표를 만났다. YC에 지원해 보라고 하더라. 작년에 떨어졌다고 하니까 보통 몇 번씩 떨어진다면서 이렇게 말했다. "혹시 스탠퍼드나 하버드 나오셨어요? 스탠퍼드랑 하버드 안 나오셨으면 YC 나오셔야죠." 미국에서 투자받고 사업하려면 확실한 브랜드가 있어야 한다는 뜻이었다. 그 말을 듣고 혹했다. 2~3일 급하게 준비해서 YC에 지원서를 냈다.

정진욱 대표

스크립드, 트위치 창업자와의 인터뷰

YC의 지원 자격은 어떻게 되나?

회사 지분을 최소 10퍼센트 이상 가진 공동 창업자여야 한다.
나는 공동 창업자인 CTO와 면접을 보러 갔다. 투자를 받기
전에 미국 법인화도 필수다.

투자 조건이 궁금하다.

총 12만 달러를 투자받고 회사 지분의 7퍼센트를 준다. 투자
금액 중 2만 달러는 지분 6퍼센트에 해당하는 보통주로 취득
하고, 남은 10만 달러는 SAFESimple Agreement for Future Equity라는
일종의 컨버터블 스톡convertible stock[2]으로 투자하고, 밸류에이
션 캡valuation cap[3]을 1000만 달러로 정한다. 미래 기업 가치를
1000만 달러로 보고 추후 지분 1퍼센트에 해당하는 주식으로
전환할 수 있도록 고정해 두는 것이다. 그리고 'pro-rata'라는
계약 조건이 있어서 향후 후속 투자를 유치할 때, YC가 지분
율 7퍼센트를 유지할 수 있는 권리를 갖게 된다.

이미 성장한 회사들이 액셀러레이터에 들어가려는 이유가 뭔가?

나와 같이 있었던 동기 회사는 기업 가치가 1000억 원이었다. 사업한 지 18년이 된 유럽 회사였는데, 매출도 이미 몇백억 원씩 나왔다. YC에는 초기 스타트업만 지원하는 것이 아니다. 미국 시장에서 성장하는 데 도움을 받으려는 회사들도 온다.

그런 큰 기업과 아이디어밖에 없는 초기 기업이 같은 평가를 받는다니 의외다.

YC의 생각은 이렇다. "너희가 지금 두 명밖에 없는 회사고 제품도 없지만, 일단 우리 네트워크에 들어왔으니 기업 가치가 최소 1000만 달러는 된다."

다시 지원할 때 만반의 준비를 했겠다.

그렇지는 않았다. 처음 지원할 때는 면접 스터디까지 하면서 한 달을 꼬박 준비했다. 그래서 탈락 소식을 들었을 때 좌절이 컸다. 두 번째 지원할 때는 물리적으로 시간이 부족해서 제대로 준비할 수가 없었다. 회사 소개와 데이터 자료도 작년에 썼던 것으로 채워 넣고 급하게 영상을 찍었다. 별로 기대하지 않았는데 합격했다. 딱 하나 차이가 있다면 트랙션traction[4]의 유무였다. 처음 지원할 때는 콘셉트 구상만 있었지 실질적으로 나와 있는 성과 지표가 없었다. 2차 지원 때는 롤리캠을 출시한 뒤라 우리 아이템의 성공을 증명할 수치가 있었다.

면접은 어떻게 진행되나?

YC에는 풀타임이나 파트타임으로 근무하는 파트너들이 있다. 지메일 개발자 폴 부크하이트Paul Buchheit, 홈조이Homejoy[5] 창업자 아도라 청Adora Cheung, 트위치Twitch[6] 공동 창업자 저스틴 칸Justin Kan 등 비즈니스 업계에서 쟁쟁한 사람들이다. 파트너들은 YC에 들어온 창업자들이 좀 더 능숙하게 사업을 이끌도록 돕는다. 면접장에 들어서면 파트너가 두 명씩 앉아 있다. 이들이 면접관이 되어 인터뷰를 진행하는데 30분 내로 끝난다. 면접 한 번에 결과가 나오기도 하고 2차, 3차까지 가기도 한다.

보통 면접은 1차 합격하고 2차를 보는 식으로 진행되지 않나. 면접 횟수는 어떤 의미인가?

YC의 방식은 조금 다르다. 두 명씩 짝을 지은 파트너 그룹이

4~6개 정도 된다. 이들이 지원 서류를 쭉 훑어보고 마음에 드는 기업을 선택해 면접을 진행한다. 어떤 기업은 복수의 파트너 그룹에서 면접을 본다. 면접 횟수가 많을수록 파트너들이 중복해서 찍었다는 뜻이니 긍정적인 신호다. 만일 두 파트너 그룹이 한 기업을 1순위로 꼽았다면 내부적으로 조정하는 것으로 알고 있다. 파트너들은 자신이 뽑은 창업자의 멘토가 된다. 나 역시 스크립드(Scribd, 온라인 문서 공유 서비스) 창업자인 제러드 프리드먼Jared Friedman 그룹과 한 번, 트위치 창업자인 저스틴 칸 그룹과 한 번, 총 두 번 면접을 봤다.

면접에서는 주로 어떤 질문이 나오나?

파트너 그룹이 누구든 핵심에 집중한다는 인상을 받았다. 어떤 제품을 만드는지, 제품의 현재 성과와 자금 상황이 어떤지 등 실제 사업을 운영하는 데 핵심이 되는 부분을 물었다. 앞으로 이 사업이 왜 빅 비즈니스big business[7]가 될 것 같은지, 일상을 어떻게 바꾸는지를 질문한 대목이 인상 깊었다. 하지만 합격에 결정적인 역할을 한 것은 역시 트랙션이었던 것 같다. 창업 초기인 기업도 합격할 수 있지만, 프로토타입이 있고, 베타 서비스를 출시해 봤고, 수치로 증명할 트랙션이 있는 기업의 합격률이 가장 높다.

당시 면접에서 강조한 시어스랩의 트랙션은 어느 정도 수준이었나?

우리는 당시 한국 10대의 60퍼센트가 사용 중이라는 트랙션을 보유하고 있었다. 이 점이 파트너들에게 결정적으로 작용한 것 같다.

트랙션이 특히 중요한 이유는 뭔가?

성공 가능성이 있는 기업이 결국 YC의 부를 넓혀 주니까. YC는 투자 기준이 굉장히 명쾌한 조직이다. 철저히 자본주의의 논리로 돌아간다. 3개월 후 데모데이 때까지 파트너들이 트랙션을 키워서 기업 가치를 최소한 두세 배로 만들 수 있을 것 같은 회사에만 투자한다.

흔히 말하는 팀 케미스트리도 당락을 좌우하나?

사실 팀워크를 인터뷰에서 바로 알 수는 없지 않나. 서로 친하다고 말하면 그만이니까. YC에서 강조하는 팀워크는 팀원들이 정서적으로 친한지, 나이가 비슷한지가 아니다. 팀이 개발자, 기획자, 마케터 등 기능적으로 적절하게 구성되어 있는지를 가장 중요하게 본다. 아이디어는 좋은데 개발자가 없다거나, 개발자는 많은데 비즈니스 모델이 없다면 좋은 팀이 아닌 것이다. 그런 의미에서의 팀 빌딩이다. 사람을 볼 때도 한국과 관점이 다르다. 한국은 학벌과 나이를 보지만, YC는 제품을 잘 이해하고 실행할 수 있는 경험이나 실패 경험을 갖춘 팀원들로 구성되어 있는지를 살피는 것 같다.

트랙션이나 팀 빌딩 외에 또 중요한 것이 있다면.

기본적으로는 영어 능력이 필요하다. 미국에서 사업을 하면 영어가 항상 걸림돌이다. 나는 비록 콩글리시지만 글로벌 사업을 15년 넘게 해오면서 비즈니스 대화를 하는 데 큰 문제가 없었다. 사실 언어 능력보다 더 중요한 것이 커뮤니케이션 능력이다. 미국은 비즈니스를 말로 한다. 중요한 거래와 계약은 모두 발표와 토론으로 성사된다. 밤새워 개발하고 발표 자료를 만들었는데 상대를 설득하지 못하면, 그래서 상대가 우리 사업에 동조하지 못하면 원하는 만큼의 성과를 얻을 수 없다. 비전이란 게 다른 게 아니다. 다른 사람들도 공감하도록 만드는 것이 비전이다. 상대는 조금도 이해하지 못했는데 나 혼자 취해서 말하는 것은 비전이 될 수 없다. 미국 사람들은 시각적인 수치와 커뮤니케이션이 일치할 때 '사업을 잘한다'고 여긴다.

합격 소식은 언제 들었나?

합격하면 면접 당일 담당 파트너에게 직접 연락이 오고, 불합격하면 이메일이 날아온다. 나는 저스틴과 면접을 볼 때 느낌이 너무 안 좋아서 마음을 비운 상태였다. "롤리캠은 차별화를 어떻게 할 것이냐?", "유틸리티 말고 플랫폼으로 성장시킬 방법이 있는가?" 등 까다로운 질문을 많이 하더라. 대답하면서도 '그래, 투자받기로 한 곳이 몇 군데 있으니까 떨어져도 괜찮아'라고 애써 스스로를 위로했다. 그날 면접이 끝나고 업무차 샌프란시스코에 갔다가 차까지 견인됐다. 최악의 날이었다. 차를 찾으러 가는데 제러드에게 연락이 왔다. "Congrats to be a YC member, YC family"라는 말이 다였다. 기대하지 않았던 합격이라 말로 할 수 없을 만큼 기분이 좋았다.

긴밀하고 끈끈한 네트워크

합격한 뒤 기본적인 생활은 어떻게 해결했나. YC에서 숙소나 생활비를 제공하는가?

일절 제공하지 않는다. 나는 우리 팀원들과 함께 묵을 수 있는 YC 근처의 아파트를 얻어서 공동생활을 했다. 다른 그룹도 대부분 마찬가지였다. 대신 YC 동문들만 로그인할 수 있는 북페이스Bookface라는 포털이 있다. 온갖 정보가 다 올라오는 일종의 인터넷 게시판이다. 다른 문화권이나 언어권에서 온 사람들이 미국 생활에 적응할 때 북페이스가 많은 도움이 된다.

구체적으로 어떤 도움이 되는가?

북페이스는 YC의 가장 큰 자산이다. YC가 운영되어 온 10년 동안 북페이스에 쌓인 VC들의 데이터베이스가 어마어마하다. YC 출신 기업에 투자했거나 YC와 조금이라도 연결된 적 있는 투자자들의 정보가 모두 들어 있다. VC 하나하나에 대한 동문들의 평가도 적나라하게 공개되어 있다. 어떤 VC는 사기를 쳤던 이력이 북페이스에서 드러나 업계에서 완전히 쫓겨났다. 소소한 정보도 많은데, 1년에 두 번 배치가 끝나면 동문들이 묵었던 집 정보가 북페이스에 포스팅된다. 서로 좋은 집을 추천해 주고 실제로 매매가 일어나기도 한다. 중고 거래도 활발하다.

교육 프로그램은 어떻게 구성되어 있는지 궁금하다.

YC에서 보장된 정규 프로그램은 딱 두 가지다. 투스데이 디너

Tuesday Dinner는 매주 화요일 저녁, 모든 창업자와 파트너가 함께 식사하고 얘기를 나누는 자리다. 동문들이 참여하기도 하고 YC 출신이 아닌 유명 기업인, VC, 상장사 임원이 와서 강연하기도 한다. 그 자리에서 자연스럽게 사업적인 교류가 형성된다. 그룹 오피스 아워Group Office Hours는 같은 그룹에 속한 창업자들과 파트너들이 모여 회사의 사정을 솔직하게 공유하는 자리다. 한 주간 회사가 달성한 성과, 발생한 문제나 이슈에 관해 이야기하고 토론한다.

투스데이 디너와 그룹 오피스 아워의 차이가 뭔가?

투스데이 디너가 방대한 질문이 오고 가는 대형 강의 형식이라면, 그룹 오피스 아워는 일대일 튜터링에 가깝다. 그룹 오피스 아워에서 파트너는 구체적인 답을 제시하지 않는다. 창업자들의 고민을 들어 보고 해결 방법을 모르겠으면 잘 모르겠다고 솔직히 말한다. 그러고 나서 "여기 있는 분 중에 도와줄 수 있는 분이 있느냐"고 묻는다. 또 좋은 투자자나 기업가가 있으면 연결해 준다. 토론 내용을 문서로 만들어 도장을 받는다거나 상부에 보고하는 형식적인 절차가 없다.

투스데이 디너는 네트워킹에 집중된 자리인가?

투스데이 디너에서 마크 저커버그Mark Zuckerberg처럼 유명한 사람의 발표가 끝나고 나면 창업자들이 얘기를 나누려고 줄을 서서 기다린다. 구상 중인 아이템을 보여 주면 저커버그가 즉석에서 다른 사람을 연결시켜 준다. YC가 아니라면 경험할 수 없는 일이다.

정말 흔치 않은 경험이다.

한번은 투스데이 디너에서 평소 존경하던 픽사 애니메이션 스튜디오의 에드윈 캣멀Edwin Catmull 사장을 만났다. 그때 디즈니와 일을 하고 있어서 〈주토피아〉 스티커를 보여 줬는데 너무 좋아하더라. 그 사진을 찍어서 디즈니 코리아에 보냈더니 한국 담당자가 깜짝 놀랐다. 트위터의 잭 도시Jack Dorsey를 만났을 때는 우리 서비스를 보여 주니까 바로 그 자리에서 인수 검토 제의를 해왔다. 2016년 하반기에 트위터 사정이 안 좋아지면서 인수 얘기가 중단된 상태지만 고무적인 경험이었다. 이런 네트워킹이 YC의 독보적인 파워라고 생각한다.

(좌)에드윈 캣멀, (우)잭 도시와 찍은 사진

**창업자에게는 귀한 시간이지만 명사 입장에서는 어떤
이득이 있나? 단순히 선한 동기로 도움을 주는 것인가?**

미국 사람들의 사고방식은 철저한 자본주의다. 유명한 사람
들이 YC 네트워크에 들어와 도움을 주는 것도 사실이지만 그
들 역시 좋은 스타트업을 발굴하러 오는 것이다. 전설적인 엔
젤 투자자 론 콘웨이Ron Conway는 투스데이 디너에 아예 자신
의 투자사 팀을 데리고 온다. 창업자들과 함께 식사하며 이것
저것 물어보고 파악한다.

정규 프로그램이 두 개밖에 없는데 실망스럽지는 않았나?

원래 책상에 앉아서 하는 공부를 좋아하지 않는 편이라 이런

방식이 편했다. 특히 그룹 오피스 아워에서 많은 도움을 받았다. 우리 회사가 당면한 문제를 발표하면서 스스로 정리되는 느낌을 받았다. 문제가 닥쳤을 때 혼자서만 머리를 꽁꽁 싸맨다고 뚜렷한 방법이 떠오르는 것은 아니다. "데모데이 때까지 어떤 부분을 개선해 보겠다"고 말하는 과정에서 합리적인 해결 방법을 도출할 수 있었다.

YC가 정규 프로그램을 최소화하는 이유가 뭐라고 생각하나?

YC는 스타트업을 괴롭히지 않는다. 소위 톱클래스라고 불리는 학교의 교육법을 보면 선생님이 이것저것 시키지 않아도 학생들이 자습하지 않나. YC도 마찬가지다. 장소 제공도 안 해주지, 일주일에 한 번밖에 안 만나지, 누가 참석했는지 체크도 안 한다. 우리 CTO도 일이 많으면 투스데이 디너나 그룹 오피스 아워에 참석하지 않았다. YC는 창업자들이 스스로 문제를 파악하고 해결하도록 한다. 사업을 잘할 수 있도록 네트워크와 자원, 조언을 제공한다. 이 점이 최고 액셀러레이터의 조건이라고 생각한다.

<u>YC의 네트워크 문화가 웬만한 대학 동문회 못지않게 끈끈하다고 들었다.</u>

YC에 들어오면 북페이스뿐만 아니라 슬랙(Slack, 사무용 메신 저)에도 가입한다. 연락하고 싶은 YC 출신 인사가 있으면 슬 랙을 통해 메시지를 보낸다. YC 동문끼리의 핫라인이 있다. 가 령 에어비앤비 창업자에게 연락을 하고 싶으면 YC××××@ airbnb.com 이런 식으로 메시지를 보내면 그 창업자에게 직 접 전달된다. 대부분 바로 답변을 준다. 시간 약속을 잡아 커 피를 마시면서 사업에 대한 조언을 구한다. YC의 전략이 긴 밀하고 끈끈한 네트워크closed network다. 우리 그룹, 우리 사람, 우리 브랜드.

<u>콜드 메일cold email[8]에도 응답을 해주나?</u>

물론이다. 미국 사람들은 이를 카르마, 업이라고 표현한다. 상 대에게 잘하면 언젠가 보답이 돌아온다는 믿음을 갖고 있다. 원래 스타트업계가 서로 돕는 문화가 강한데 YC 동문끼리는 더욱 그렇다. 누구를 소개해 달라거나, 아는 사람이 있냐고 북 페이스에 글을 올리면 즉각 답변이 달린다. 그게 바로 YC의 파워다. 심지어 YC를 나온 뒤에 사업이 망하면 직업을 구하거

나, 너희 회사에 합류할 수 있느냐는 글도 올린다.

YC를 졸업한 이후에도 YC 파트너들의 조언을 구하거나 YC의 네트워크를 이용할 수 있나?

그렇다. 졸업 유무와 상관없이 YC 파트너들에게 북페이스를 통해 마케팅, 개발, 디자인 등 사업별로 미팅을 요청할 수 있다. 신청제 오피스 아워인 셈이다. 학교를 졸업하고 선생님에게 찾아가 자문을 구하는 것과 같다.

보통의 투자 기관과는 상당히 다른 것 같다. YC는 투자자인가, 멘토인가?

투자자보다 파트너에 가깝다는 생각이 든다. 어떤 투자자들은 정말 투자자처럼 행동한다. 회사의 자본 상황을 감시하고 검사한다. 사업이 잘되는지 확인하기 위해 연락한다. 하지만 YC는 스타트업이 겪는 문제에 관심을 기울인다. 궁금한 것이 있으면 언제든 자유롭게 도움을 요청하라고 강조한다. 사업을 하면서 실시간으로 도움을 받을 수 있다.

액셀러레이터라는 비즈니스

__3개월간의 교육이 마무리되는 데모데이의 진행 과정이 궁금하다.__

YC는 데모데이를 두 번 한다. 정식 데모데이 전날, 리허설 격인 앨럼나이 데모데이Alumni Demoday를 먼저 연다. YC 동문들과 파트너 몇백 명을 대상으로 피치pitch9를 하는데 심리적으로는 더 편하다. 재미있게 봐주고 다 같이 응원하는 느낌이 강하다. 정식 데모데이는 긴장의 연속이다. 검은색 정장을 빼입은 유수의 VC들 앞에 서면 전날과는 완전히 다른 분위기에 온몸이 경직된다.

__12주 동안의 프로그램이 어떻게 보면 데모데이를 위한 것일 텐데, 데모데이 준비는 어떤 식으로 이뤄지나?__

데모데이가 열리기 2주 전부터 피치를 준비하는데 파트너가 모든 회사에 관여해 피치 내용부터 슬라이드 하나까지 피드백을 해준다. 나는 처음에 한국식으로 슬라이드를 멋있게 만들었다. 디즈니 캐릭터나 롤리캠 스티커를 넣어서 슬라이드를 꾸몄는데 담당 파트너인 제러드에게 엄청 야단을 맞았다.

이런 데 쓸 시간이 있으면 일이나 하라고 하더라. 다른 곳은 몰라도 우리는 미디어 엔터테인먼트 회사니까 비주얼적으로 보여 줘야 된다고 생각했다. 그런데 제러드가 다 지우라고 하더라. "이미지 한 개만 넣으면 안 될까? 이건 좀 멋있는데" 하면 "필요 없다. 삭제해"라고 했다. 그래서 사실 삐쳤다. (웃음) 당신은 영어를 잘하니까 괜찮지만 나는 언어 능력이 부족해서 비주얼적으로 보여 주고 싶다고 소리치고 싶었다. 데모데이 당일이 되어서야 파트너가 왜 그런 조언을 했는지 이해할 수 있었다. 피치 시간이 5분 정도밖에 안 된다. 슬라이드도 열장 이내로 간결하게, 핵심만 콕 집어서 말해야 VC들에게 효과적으로 전달된다.

데모데이 결과는 어땠나?

우리는 YC 배치를 시작하기 전, VC와 실리콘밸리 엔젤 투자자들로부터 어느 정도 투자를 받아 놓은 상황이었다. YC에 합격했다니까 조금 뜸을 들이던 VC들도 서둘러 투자를 진행했다. 심지어 밸류에이션을 더 높게 준다는 곳도 있었다. 세계적인 액셀러레이터에 들어갔다는 사실이 기폭제가 됐던 모양이다. 데모데이에서는 5억 원을 추가로 받아 YC에 있는 3개월 동안 총 20억 원을 받았다. 나쁜 투자 실적은 아니다. YC 말고는 아무 데서도 투자를 못 받는 기업도 있다.

<u>한국 VC와 미국 VC에게 투자를 받을 때 어떤 차이가
있는지 궁금하다.</u>

답변을 한 줄로 정리할 수 있다. 한국 VC는 돈을 잃지 않기 위
해 노력하고 미국 VC는 돈을 벌기 위해 노력한다. 한국은 시
장이 작아서 사업 규모를 늘리기 쉽지 않다. 아이템이 재미있
고 잘될 것 같아도 돈을 벌 수 있는 방법이 요원하면 VC들이
투자를 망설인다. 반면 미국에서는 일단 돈을 준다. 미국 투
자자들은 '하이 리스크 하이 리턴high risk high return'을 자연스럽
게 생각한다. 높은 위험 부담을 안아야 높은 보상이 있다는 것
을 인지하고 시작한다. '하이 리스크 하이 리턴' 기업 100개
를 뽑아서 10만 달러씩 살포한다고 돈을 전부 잃는 것이 아
니다. 그중에 유니콘 기업이 하나만 등장해도 돈을 몇십, 몇
백 배로 벌 수 있다.

<u>굳이 고위험에 뛰어들기보다는 '미들 리스크 미들 리턴
middle risk middle return' 기업에 투자하는 방법도 있을 텐데.</u>

'미들 리스크 미들 리턴' 기업을 고르기는 쉽다. 금방 돈이 될 것

같은 사업들은 VC들의 눈에 잘 보인다. 하지만 그런 곳에 막상 돈을 넣으면 결과가 뻔하다. 예상한 만큼만 벌어들인다. 투자한 금액과 회수한 금액에 차이가 없고 큰돈이 벌리지 않는다.

미국과 한국의 투자 환경이 많이 달라 보인다.

한국 VC의 90퍼센트 이상이 정부 자금으로 운영된다. 공적인 성격이 강할 수밖에 없다. 프로그램을 만들려고 하면 정부가 원하는 비전을 넣어야 하고, 정부가 요구하는 포맷과 기준에 맞는 투자 검토 보고서를 써서 제출해야 한다. 사업이라는 본질보다 부차적인 것에 집중하는 경향이 있다. 그런데 YC는 철저히 비즈니스에만 집중한다. 우리 입장에서는 "돈 될 거 아니면 안 한다"는 철저한 자본주의 논리로 보이기도 한다. 어떻게 보면 영악하기까지 하다. 하지만 실상은 더 큰 비즈니스, 즉 세상을 바꿀 만한 스타트업을 찾겠다는 것에 가깝다. 오히려 투명하고 맑고 깨끗할 수 있다.

YC에 미국 스타트업이 많은 것도 같은 이유에서인가?

YC는 순수한 미국 액셀러레이터다. 내가 들어간 배치에는 일본, 중국 등 아시아 사람이 거의 없고 싱가포르나 홍콩 출신만

두세 곳 있었다. YC는 대표적인 자본주의적 액셀러레이터다. 실력 덕분에 명성을 얻었다. 성공할 수 있는 스타트업의 기준을 정확히 본다. 그러다 보니 외국 기업이 들어가기 어렵다. 우리나라에서 액셀러레이터를 운영하는데 한국말이 서툰 외국 창업자가 와서 한국 시장에서 성공하겠다고 말하면 떨어질 확률이 높지 않겠나.

<u>미국에서 통하지 않는 아이템으로는 YC에 입성하기 어렵다는 말인가?</u>

꼭 미국 시장을 공략할 필요는 없다. YC에 있을 때 재미있는 아이템을 들고 와 합격한 인도 창업자들이 있었다. 차茶를 파는 인도의 노점상들에게 휴대폰 충전기는 기본이고, 인터넷이 잘 터지는 와이파이를 설치해 주는 사업이었다. 인도는 인구 규모에 비해 인터넷 보급률이 낮고 차를 습관적으로 마시는 나라다. 인터넷 연결과 전원 공급이 어려워 불편함을 겪는 인도 이용자들의 니즈를 공략한 것이다. 내가 영어 실력이 네이티브 수준은 아니지만 합격할 수 있었던 이유는 셀프 동영상 서비스에 대한 수요가 눈에 띌 만큼 급증한 시장의 변화 때문이다. YC가 스타트업을 보는 기준은 단순히 인종이나 언어에 국한되지 않는다. 성공할 것인지만 정확하게 본다.

미국에 진출한 것도 이런 투자 환경 때문이었나?

미국행은 살아남기 위한 전략적인 선택이었다. 콘텐츠나 미디어 쪽은 국내에서 사업하기 힘든 업종이다. 좋은 서비스를 내봤자 큰 기업들이 금방 카피해 버린다. 무엇보다 혁신적인 일을 하려면 일정 자본이 투입돼야 하는데 한국에서는 자금 조달이 용이하지 않다. 미디어와 엔터테인먼트 분야에 활발히 투자해 주는 시장은 아직 미국밖에 없다. 사업 초기 한국 투자사들에게는 이런 콘셉트의 아이템이 통하기 어려웠다. 40대 아저씨가 동영상 화면을 띄우더니 얼굴에 하트 스티커를 붙이고 SNS에 공유하면 성공할 수 있다고 말하는데, 아무래도 미심쩍지 않나. "재미는 있는데 돈은 어떻게 벌 거야?"라는 질문이 나온다. 그런데 미국에서는 한번 해보라고 돈을 준다.

한국 액셀러레이터와 YC의 가장 큰 차이는 무엇인가?

한국은 스타트업을 교육의 대상으로 생각하는 것 같다. 액셀러레이터인지 교육 기관인지 헷갈리는 경우도 많다. 그에 반해 YC는 자기 사업을 열심히 하는 사람을 뽑고, 그 사업을 잘할 수 있도록 네트워크와 자원, 조언을 제공한다. 사람들을 모아 놓고 YC의 철학을 주입하는 식의 교육은 하지 않는다.

YC에서 얻은 가장 큰 것이 뭔가?

YC라는 훈장과 북페이스다. 미국은 연쇄 창업가들이 많다. 농담이 아니라 'YC 출신'이라는 꼬리표가 계속 따라다닌다. YC의 훈장을 받고 나면 투자자들이 회사가 아니라 창업자를 신뢰한다. 그 창업자의 DNA에 YC의 경험이 쌓여 있다고 생각하고, 그가 설립한 회사가 얼마나 성장 가능성이 클지 추론한다. 실제로 YC 출신 중에 성공적으로 엑시트(exit, 상장이나 매각 등 투자금 회수)를 해서 몇천억 원을 벌었거나, 사업에 실패했어도 또 다른 스타트업으로 YC에 지원하는 사람들이 있다. 미국 스타트업의 '코어core'에서 경험과 인맥을 쌓을 수 있다는 점이 YC의 가장 큰 장점이다.

YC 지원자들에게 도움이 될 만한 팁이 있다면.

액셀러레이터라는 곳이 내 사업을 대신해 주지는 않는다. 사업은 누구나 다 어렵다. YC라는 훈장이 내가 얻은 수확이라고 말했지만 진짜 훈장은 내 사업을 성공시키는 것이다. 내가 사업을 계속하는 이유는 사용자에게 좋은 서비스와 솔루션을 제공하겠다는 목표를 이루기 위해서다. YC에 지원할 생각이 있는 창업자라면, 미국에서 사업을 제대로 해볼 의향이 있을 때 도전하라고 말하고 싶다. 단순히 의향만 있는 것이 아니라 내가 만든 제품이 시장에서 팔릴 제품이라는 확신이 들 때 가는 것이 중요하다. 그리고 타이밍을 잘 잡아야 한다. 프로토타입과 베타가 나와서 자신 있게 얘기할 수 있는 트랙션이 있다면 더 좋다.

창업을 준비하는 사람들에게 한마디 부탁한다.

YC 동기 중에 우주선의 발사체 연료를 10분의 1로 절감하겠다는 창업자들이 있었다. 발사체 그림을 그려 가면서 배터리와 연료를 이렇게 잘라야 한다는 둥 설명하는데, 좀 놀랐다. 내가 익히 알던 스타트업이 다루는 사업 아이템과 스케일 자체가 달랐다. 그 친구들을 보면서 한계를 미리 정하고 겁을 먹으면 안 되겠다는 생각이 들었다. 허황돼 보일지라도 우선 부딪치는 게 중요하다.

센드버드(SendBird)

2013년 3월 설립됐다. 육아 정보 앱 서비스로 출발해 2015년 6월 기업용 채팅 솔루션을 API(응용 프로그램 인터페이스) 및 SDK(소프트웨어 개발 키트) 형태로 공급하는 B2B 서비스로 피버팅을 했다. 2016년 1월 YC를 경험했다. 2017년 말 샤스타 벤처스(Shasta Ventures), 오거스트 캐피털(August Capital) 등 실리콘밸리 주요 VC들로부터 170억 원 규모의 시리즈A 투자를 유치했다. 현재 150개국 8000개 기업이 고객사다. 월간 수천만 명 이상이 센드버드 플랫폼을 이용해 채팅을 한다. 기업용 메시징 시장에서 세계 1위 제품을 만들어 주목받고 있다.

2   기밀과 신뢰의 네트워크 ;

김동신 센드버드 대표

회사를 소개할 때는 형용사를 빼라

센드버드는 어떤 서비스인가?

'Send'와 'Bird'의 합성어다. 소식을 전하는 비둘기처럼 안전하고 빠르게 메시지를 전달하겠다는 의미다. 센드버드SendBird는 기업들을 대상으로 메시징 솔루션을 제공한다. 자사의 앱이나 웹사이트에 채팅 기능을 손쉽게 탑재할 수 있도록 돕는다. 사용자의 문의를 받거나 판매자와 구매자를 연결할 때, 사용자 간 메시지를 주고받을 때 센드버드의 채팅 API가 적용된다. 예를 들어 이커머스 티켓몬스터가 모바일 홈쇼핑 방송을 할 때 붙어서 나가는 채팅이 우리 기술이다.

어떤 기업들이 서비스를 이용하고 있나?

국내외 8000개 기업이 우리 고객이다. 국내에서는 KB국민은행, SBS, 신세계 및 이마트, 넥슨, LG유플러스, LF몰, 코인원 등이 있다. 해외 고객으로는 월간 사용자가 3억 명에 이르는 미국 소셜 뉴스 사이트 레딧Reddit, 인도네시아 최초의 유니콘 기업인 O2OOnline to Offline 서비스 고젝Go-Jek 등이 유명하다. 세계 최대 이동통신 산업 전시회인 모바일 월드 콩그레스MWC

의 앱에도 우리 기술이 사용된다. 게임, 스포츠, 미디어부터 비트코인 거래소까지 다양한 업종을 아우른다.

첫 회사를 5년 만에 매각하고 다른 아이템으로 다시 창업했다.

첫 번째 회사였던 소셜 게임 플랫폼 파프리카랩은 일본의 모바일 게임사 그리GREE에 매각했다. 그리에서 7개월 동안 사업 개발과 제품 현지화를 담당하면서 본질적인 의문이 들었다. 기술 기업으로서 세상의 문제를 해결하며 기여하는 삶을 살겠다는 목표에서 점점 멀어지고 있는 것 같았다. 중요한 문제가 있는 시장에 다시 뛰어들고 싶었다. 그때 육아 스트레스로 어려움을 겪는 엄마와 아내라는 존재가 눈에 들어왔다. 그래서 육아 정보를 교환하고 고민을 나누는 육아 커뮤니티 앱 '스마일맘'(사명 스마일패밀리)을 만들게 됐다.

스마일맘은 성과가 괜찮았나?

2년 가까이 했지만 이용자가 생각보다 빠르게 늘지 않았다. 별다른 수익 모델이 없는 상태여서 재정적 위험이 점점 커졌다. 그런데 의외의 곳에서 수익이 났다. 앱 안에 채팅 기능이 필요했는데 기술을 제공할 회사가 마땅치 않았다. 결국 우리가 직접 만들어 주변 사업가들에게 보여 줬다. 이런 서비스가 있다면 돈을 내고서라도 쓸 테니 팔라고 하더라. 한 달에 몇만 원씩 싸게 받으면서 알음알음 팔기 시작했다. 하면 할수록 요구 사항이 많아지고 고객도 다양해졌다. 마케팅 활동을 하지 않아도 사용 문의가 계속 들어왔다. '이것 봐라' 싶었다. 투자자와 얘기해서 2015년에 피벗(pivot, 사업 방향 전환)을 결정하고 센드버드로 재출발했다.

애초 도전했던 문제를 해결하지 못하고 사업 방향을 완전히 틀어야 했을 때 아쉽지는 않았나? 창업에 대한 회의감이 든다거나.

피버팅을 하는 순간은 생각보다 쉽게 결정된다. 실패하지 않겠다는, 절대 실패해선 안 된다는 위기의식에서 비롯된다. 엄청난 동기와 지혜가 있어서 하는 것이 아니다. 기업용 커뮤니케이션 서비스의 대표 업체인 슬랙의 출발도 게임 서비스였고, 트위터의 모태도 팟캐스트였다. 센드버드의 재출발도 마찬가지다. 때마침 생존을 위한 길이 잘 만들어졌을 뿐이다.

YC에 지원한 것도 절대 실패하지 않겠다는 위기의식 때문이었나?

그렇지는 않다. YC는 정말 얼떨결에 지원했다. 스마일맘을 할 때 스타트업 모임에서 만난 분이 YC와 테크스타스라는 액셀 러레이터에 꼭 지원하라고 하더라. 전혀 생각이 없었다가 '에라, 모르겠다' 하고 두 곳에 다 지원했다. YC는 면접에서 떨어지고 테크스타스에 붙어서 2014년 배치에 들어갔다. 2015년에 센드버드로 피벗한 뒤에 지인이 YC에 서류를 쓴다고 해서 도와주다가 또 얼떨결에 지원했다. 서류 마감일이 다가오니까 가만히 있을 수가 없었다.

육아 커뮤니티와 기업용 메시징 솔루션은 거리가 상당히 멀어 보인다. 다시 지원할 때 어려움은 없었나?

스마일패밀리 때와 조직이나 주주 구성, 법인이 같아서 큰 어려움은 없었다. 피벗 이후 바뀐 사업 내용만 살짝 넣어 제출했다. 처음 지원할 때도 서류는 통과했었다. 즉, 서류 합격에 어떤 방정식이 있다는 소리다. YC 파트너 대부분이 공대 출신이다. 거품이 많은 수식이나 '뽀송뽀송한' 단어를 쓰면 본능적으로 경기를 일으키는 사람이 많다. 열 명 남짓한 파트너가 기수마다 7000개의 서류를 검토하는 데 얼마나 시간을 쓰겠는가. 일차적으로 서류를 걸러 내는 데 30초도 안 걸릴 것이다. 길어도 몇 분을 넘기지 않는다. 짧은 시간 안에 좋은 인상을 심어 주려면 추상적인 얘기는 피해야 한다. 서론도 절대 길면 안 된다.

어떻게 하면 밀도 높은 문장을 쓸 수 있나?

형용사를 빼면 된다. 드라이하게 가야 한다. '전 세계적으로 가장 확장성이 좋은 실시간 커뮤니케이션 기술 회사'보다 '우리 채팅 API를 이용하면 100만 명이 동시에 메시지 기능을 쓸 수 있다'가 훨씬 효과적이다. 땅에 두 발을 딱 붙인 용어, 오해의 여지가 없고 정확한 문장으로 설명해야 한다. 그러면 YC 파트너들은 이 스타트업이 정말 사업에 집중하고 있다고 느낀다. YC는 뭐가 부족한지 확실히 알고 있는 팀을 좋아한다. 실적이 안 나오면 안 나오는 대로 적어도 상관없다.

취약점도 솔직하게 밝혔나?

우리가 걱정하는 경쟁자, 고객이 우리를 싫어하는 이유, 현재 잘 못하고 있지만 하지 않으면 위기가 될 부분을 적었다. "센드버드는 인프라를 제공하는 회사다. 인프라는 안전성과 확장성이 가장 중요하다. 서버 가동률이 99.9퍼센트 이하로 떨어지면 위험하다. 서버 다운 타임(컴퓨터 시스템이 가동되지 않는 시간)이 길어지는 순간 고객은 우리를 떠날 것이고 우리는 하루 만에 망할 수도 있다"고 썼다. 이런 편집증적인 요소를 선호하는 것 같다.

서류 심사에서 중요하게 보는 기준이 있다면.

1년에 두 번 지원 시즌 동안 YC 웹사이트에 들어가면 '지원하기' 버튼이 있다. 그 버튼을 누르면 서류 심사 문항이 나타난다. 제품, 시장, 경쟁자에 대한 일반적인 질문은 다 있다. 팀워크를 종합적으로 파악하는 질문도 있다. 내가 지원할 때는 창업자끼리 어떻게 아는 사이인지, 함께 일한 기간이 얼마나 되는지, 본 업무 말고 재미난 사이드 프로젝트를 함께한 경험이 있는지를 물었다. 초기 단계의 스타트업에서는 서로 감정이 상해 쪼개지는 경우가 많기 때문인 것 같다. 작은 회사의 창업자들은 붙어 있는 시간이 가족보다도 훨씬 길다. 물리적으로나 정신적으로나 밀도 높게 스트레스를 받을 수밖에 없다. 한번 관계가 틀어지면 불만이 쌓이는 속도도 매우 빠르다. 그래서 YC는 서로 얼마나 오래 깊고 다양한 관계를 쌓아 왔는지 검증하려는 질문을 한다.

예상하지 못한 질문은 없었나?

"Please tell us about the time you most successfully hacked some (non-computer) system to your advantage?" 컴퓨터가 아닌 뭔가를 해킹한 경험이 있냐는 질문이 있었다. 나는 소셜 해킹에 대한 에피소드를 썼다. 규칙과 규제를 벗어나 창의적으로 문제를 해결할 능력이 있는지, 남과 다른 관점을 가졌는지 파악하기 위한 의도가 아닐까 싶다.

김동신 대표

YC라는 브랜드

<u>두 번째 도전 만에 합격했다. 비결이 뭐였나?</u>

전략이 있었다. 우선 한 번 경험이 있으니 빠르게 돌아가는 면접 패턴과 분위기를 알고 있었다. 둘째로 창업 동기를 잘 설명했다. YC는 사업 아이디어가 직접 겪은 문제에서 나온 것인지를 날카롭게 본다. 스마일패밀리를 생각해 보면, 미국 엄마들을 대상으로 한국에 거주하는 한국인 아빠들이 육아 정보 콘텐츠를 제공한다는 것이 못 미더웠을 것이다. 셋째로 게임, 육아맘 서비스, 메시징 솔루션 사업을 해오면서 채팅 기능에 대한 풍부한 경험과 기술을 쌓았다는 점을 강조했다. 결과적으로 제품, 시장, 팀 구성이 잘 맞는다는 점이 설득된 것 같다. 면접관이 트위치 공동 창업자인 저스틴 칸과 마이클 세이벨 Michael Seibel이라는 점도 주효했다. 그들도 게임 방송을 만들던 경험이 있으니 플랫폼에 채팅 기능을 넣는 일이 얼마나 어려운 일인지 공감했을 것이다.

<u>면접 당시 센드버드의 유료 고객사가 얼마나 됐나?</u>

피벗을 한 직후라 20곳 정도였다. 직원 몇 명의 급여에 해당

하는 매출이 나오고 있었다. 사업성이 있다고 말하기에는 이른 수준의 매출이었다.

매출이 많지 않았는데도 YC의 선택을 받았다.

YC는 시장에 니즈가 있다는 사실이 검증되면 현재 매출을 절대적인 합격 기준으로 삼지는 않는 것 같다. 나무인지 잡초인지는 모르겠지만 땅을 뚫고 나온 싹을, 그 싹의 끄트머리를 본다고 해야 하나. 될성부른 나무는 떡잎부터 알아본다고 YC가 우리를 알아봐 준 것이라고 믿고 싶다.

그럼, YC가 생각하는 좋은 싹의 기준은 뭘까?

큰 시장과 경쟁력 있는 솔루션, 그걸 잘 만들 수 있는 견고한 팀. 세 가지 조합을 보고 판단하는 것 같다. 그리고 뭔가 실행하고 있다는 인상을 반드시 심어 줘야 한다. 급하게라도 제품을 출시했고, 고객의 피드백을 조금이라도 받은 상태여야 유리하다. 아무리 아이디어가 뛰어난 아이템이라도 아직 준비 중이라면 전자보다 좋은 평가를 받기 어렵다.

한국에 있는 팀원들과 콘퍼런스콜을 하는데 모르는 번호로 전화가 걸려 왔다. "안녕, 나 저스틴이야"라는 한마디에 합격을 직감했다. 회의 중간에 팀원들에게 알렸다. 다들 무척 기뻐했다. 사실 팀원들 모르게 YC에 지원했다. 떨어지면 쪽팔리지 않나. 때마침 미국 출장도 있었고 항공료도 YC에서 대준다니까 "출장비를 대신 준다네, 나이스!" 하고 갔다 온 거다. 역시 인생은 운이다. (웃음)

두 번의 도전 만에 YC의 네트워크에 들어갔다. 정진욱 시어스랩 대표는 YC의 네트워크 문화를 '긴밀하고 끈끈한 네트워크'라고 표현했다.

동의한다. 그런데 나는 '기밀과 신뢰의 네트워크confidential network'라고 말하고 싶다. YC의 네트워크는 비밀을 공유하는 사이다. 비밀을 공유한 사람끼리는 친해진다. 그룹 오피스 아워에서는 회사가 개판으로 돌아가는 것까지 솔직하게 까발려야 한다. 그래야 파트너들이 정확하게 진단하고 해결책을 내려 줄 수 있다. "매출이 안 올라서 힘들다", "어떻게 해야 할지 모르겠다" 같은 얘기들이 서슴없이 나온다. 다른 회사들 민낯까지 봤는데 나라고 못할 말이 뭐 있나 싶다.

YC만의 독특한 문화인가?

대학 동문을 여행지에서 우연히 만났을 때 느끼는 약간의 반가움과 동질감 같은 게 있지 않나. YC는 거기에 더해 동질의 엘리트 집단의식, YC 간판이 주는 자부심, YC의 비밀스러운 공유 문화가 모두 맞물려 있다. '우리는 YC니까'라는 마인드를 모두가 공유하고 있는 것 같다.

"스탠퍼드, 하버드 안 나왔으면 YC에 들어가야 한다"는 말도 했다고.

한국에 학연, 혈연, 지연이 존재하지 않나. 미국은 훨씬 심하다. 우리와 다른 점은 학연, 혈연을 따지는 것을 치사하거나 형평성에 맞지 않는 일이라고 생각하지 않는다. 미국은 철저히 시장 논리로 돌아간다. 그것 역시 개인 역량의 일부이며 가진 자원을 다 써야 한다고 여긴다. 한국에서 서울대학교를 나왔어도 실리콘밸리 사람들이 알아주지 않으면 최종 학력은 고졸이다. 지금 와서 스탠퍼드나 하버드에 다시 입학할 수도 없다. 시간이 아깝다. 단기간에 실리콘밸리에서 가장 확실한 도장을 받을 수 있는 방법이 YC라는 브랜드다. 고객과 초기에 협상할 때 YC 출신이라는 점을 강조하면 일이 수월해지는 경우도 많다. 무시할 수 없다. 실질적인 효과를 떠나 상징적인 효과가 분명히 있다. 기수마다 6000~7000개 회사가 지원하는데 80~100곳만 뽑으니까 한 번 검증됐다는 신호를 준다.

명사들의 비공개 강연도 YC라는 브랜드를 구축하는 데 영향을 미친 것 같다. 특별히 기억에 남는 연사가 있나?

투스데이 디너에 에어비앤비 창업자들이 왔을 때다. 브라이언 체스키Brian Chesky는 아파서 못 오고 조 게비아Joe Gebbia와 네이선 블레차르치크Nathan Blecharczyk가 왔다. 보통 강연이라면 질의응답이 30분 내로 끝난다. 아무리 길어도 한 시간을 넘기지 않는다. 그런데 에어비앤비 창업자들은 세 시간이 넘도록 질문을 받았다. 지치는 기색도 없었다. 창업한 지 한 달도 안 된 사람들처럼 눈을 반짝거리면서 끊임없이 얘기를 이어 나갔다. 창업자들이 저러니까 회사가 쭉 간다는 걸 느꼈다. 거기서 영감을 얻었다. 반성도 하고.

미국에 방문한 센드버드 팀과 YC 간판 앞에서

투스데이 디너에 '비하인드 더 신Behind the Scenes'이라는
순서가 있다고 하던데.

창업 뒷이야기를 들려주는 세션이다. 거기서 어떤 내용이 나
왔는지는 오프 더 레코드다. 강연 내용을 디지털 기기로 받아
적지도 못하게 한다. 사진 촬영, 비디오 촬영, 외부 유출이 철
저히 금지된다. 안 그러면 투스데이 디너에 참여하는 사람들
이 속마음을 얘기하지 않는다. 강연자들의 얘기를 듣고 있으
면 인터넷상에 알려진 것과 다른 부분이 많다는 걸 느끼게 된
다. 영화 〈소셜 네트워크〉에서 극적으로 표현된 일들도 실제
로는 그렇지 않다. 구질구질하다. 얘기를 듣다 보면 페이스북
창업자들도 그랬구나 싶다. 그런 말을 들으면 힘이 난다. 다

들 고생하고 있다는 걸 알고 나면 우리들의 고생에 대한 위로를 받는 것 같다. 성공하는 길은 다 더럽고 험난하다. 우아한 꽃길만 걸으세요, 이런 거 없다.

<u>편견을 깨뜨려 준 경험도 있었나?</u>

스타트업끼리 있으면 "회사를 빨리 키워서 빨리 팔자"는 말을 많이 한다. 그런데 실리콘밸리에서 가장 유명한 VC인 세쿼이아 캐피털Sequoia Capital의 마이클 모리츠Michael Moritz 회장이 강조한 것은 '롱 텀 싱킹long-term thinking'이었다. 그는 빨리 키워서 몇천억 원에 파는 기업이 아니라 기업 가치 10조 원이 될 때까지 창업자들이 20년, 30년 경영하는 기업이 더 많아졌으면 좋겠다고 했다. 인수 합병이 가장 빈번하게 일어나는 실리콘밸리에서, 그것도 VC의 입에서 나온 이야기였기에 의외였다.

10억 달러 가치의 선배 기업이 있는 곳

<u>세계적인 액셀러레이터 두 곳을 경험했다. 테크스타스와 YC가 스타트업을 성장시키는 방식에 차이가 있던가?</u>

가장 큰 차이는 커뮤니티다. YC는 굉장히 느슨한 구조loosely

coupled다. 일할 공간도 알아서 구해야 한다. 공동 사무 공간도 제공하지 않는다. 본인이 적극적으로 신청해야 실무자나 유명한 사람들을 만날 수 있다. 테크스타스는 훨씬 짜임새 있는 구조tightly coupled다. 창업자들이 같은 사무실에서 일하고, 정해진 프로그램을 따라가야 한다.

테크스타스의 프로그램에 대해 구체적으로 설명해 달라.

테크스타스에는 세 단계에 걸쳐 집중적으로 교육하는 제도 Trimester가 있다. 처음 한 달은 멘토링 위크를 진행한다. 1주 차에 하루 5~8명과 스피드 데이팅을 하고 2주 차에 회사와 맞는 사람을 고른다. 이 과정을 한 번 더 반복하고 나면 멘토 보드가 구성된다. 남은 기간 그들에게 자문을 구하고 조언도 얻는다. 두 번째 달은 제품을 성장시키는 단계다. 제품이나 서비스를 개발하고, 마케팅하고, 일주일에 한 번씩 매니징 디렉터의 점검을 받는다. 마지막 한 달은 데모데이 연습 기간이다. 트레이너가 옆에서 발성법부터 손동작까지 지도한다.

테크스타스에서 가장 마음에 들었던 프로그램이 뭔가?

일주일에 한두 번 영업이면 영업, CTO면 CTO 등 특정 분야의 전문가들과 만나는 미니 MBA가 좋았다. 데모데이를 준비시키는 방법도 인상적이었다. 슬라이드 구성에 필요한 부분이 있으면 디자인 파트너 팀이, 좋은 카피가 필요하면 카피라이터가, 발성법은 전문 배우가 달라붙어 도와줬다. 데모데이 리허설은 극장에서 했다. 정말 제대로 하는구나 싶었다.

테크스타스가 워낙 체계적이라 YC는 상대적으로 성의 없다는 느낌마저 든다.

YC에 들어가면 "본질을 제외한 나머지 활동을 최대한 줄여라. 제품을 만드는 일과 고객과 얘기하는 일, 이 두 가지만 하라"는 말을 제일 많이 듣는다. 그것을 제외하고는 아무것도 하지 말라고 한다. 네트워킹 회사, 기자, 투자자, 전부 만나지 말라고 한다. 테크스타스와 비교하면 그 차이가 더 극명하다. 테크스타스의 온라인 커뮤니티에 누가 비자 문제로 글을 올린 적이 있다. 그러자 다른 창업자들이 도와주겠다고 댓글을 달았다. 서로 이런 정보를 공유해 줘서 고맙다는 게 테크스타스의 반응이었다. YC의 북페이스에도 똑같은 글과 댓글이 올라왔는데 YC 직원이 이렇게 댓글을 달았다. "YC 기간 중 아니니? 다른 사람 도와주지 말고 네 사업에나 집중해라."

테크스타스와 YC, 둘 중 어디가 더 유력한가?

MBA 순위도 매년 몇 학교가 엎치락뒤치락하는 것처럼 지표에 따라 다르다. 배출한 기업의 시가 총액만 따지면 YC가 1등, 테크스타스가 근접한 2등일 것이다. 인식은 YC가 단연 1등이다. "둘 다 합격하면 어디 갈래?"라고 묻는다면 열에 아홉은 YC를 선택할 것이다.

왜 그럴까?

스타들이 더 많이 나왔으니까. 에어비앤비, 트위치, 드롭박스, 스트라이프, 레딧까지 모두 YC 출신이다. 기업 가치가 10억 달러가 넘는 선배 기업들이 있고 파트너들의 면면도 훌륭하기 때문에 '역시 YC'라는 인식이 있다. YC를 스타트업계의 하버드라고 하던데 사실 웃기긴 하다. 서부에 있는데 하버드라니? 서부는 스탠퍼드지.

선발하는 회사에도 차이가 있나?

내가 겪은 기수만 놓고 보자면 YC는 100개, 테크스타스는 11개 회사를 선발했다. 선발하는 회사 수가 적으면 리스크의 폭

이 정규 분포처럼 중간에 몰리기 쉽다. YC는 100곳이나 뽑으니까 회사들의 스테이지, 인더스트리 범위가 훨씬 더 넓다. 사회적 기업부터 바이오, 우주 산업, 심지어 '저런 게 되겠어?' 싶은 회사까지 있다.

두 곳 중 어디를 더 추천하고 싶은가?

업종과 본사 위치에 따라 고민해 볼 만하다. 산업은 지역의 영향을 많이 받는다. 생각하는 것 이상으로 본사 위치가 투자자, 고객 등 네트워크에 많은 영향을 준다. 미디어, 바이오 같이 동부에서 유리한 산업이라면 테크스타스의 네트워크가 더 좋다. YC는 미국 서부에 하나 있지만 테크스타스는 뉴욕, 보스턴 등 미국 동부와 영국 런던 등지에 흩어져 있다. 테크스타스가 서부에 아직 없는 이유도 전략적인 것이다.

2017년 YC 여름 배치에 합격한 기업 중 20퍼센트 이상이 B2B 서비스였다. 최근 들어 YC가 B2B 스타트업에 주목하는 이유가 뭘까?

수익 모델이 더 확실하고 문제들이 잘 정의돼 있어서 그렇다. 예를 들어 스냅챗Snapchat은 일상을 공유한 사진이 일정 시간이

지나면 사라지는 앱이다. 이 카메라 앱이 도대체 무슨 문제를 해결한다는 걸까. 아무도 본질적인 질문에 답하지 못하지만 월간 2억 명이 이용한다. 스냅챗의 초기 투자자인 제레미 류 Jeremy Liew는 이런 현상을 유니크 컨슈머unique consumer, 커스터머 인사이트customer insight라고 정의했다. 사람들에게 숨겨져 있는 욕구를 사후에 발굴한다는 의미다. 대중은 소셜 미디어에 피로를 느끼고 영원히 기록이 남는 것에 두려움도 갖고 있다. 그런데 스냅챗을 이용하면 걱정 없이 사진을 보낼 수 있고, 사진이 삭제될 때 해방감과 자유로움을 느낀다. 이것은 사후 해석이다. 에반 스피겔Evan Spiegel이 엄청난 통찰이 있어서 스냅챗을 만든 게 아니다. 사회 정서나 시류와 맞아떨어지면서 이런 해석이 확신을 얻는 것이다. 반대로 B2B 기업은 문제를 먼저 정의하고 시장에 나온다. 고객의 문제를 확인하고 솔루션을 제시한 뒤 수요가 입증되면 가계약을 맺는다. 대부분의 B2C 기업은 수익도 나중에 고민하지만, B2B 기업은 처음부터 문제 정의, 수익 모델, 초기 비용과 매출 총이익을 설정할 수 있다.

B2B 산업에 대한 미국과 한국의 시각에 차이가 있나?

미국은 이미 오래전부터 B2B 산업을 단순 생산업이 아니라 크리에이티브 인더스트리, 고부가 가치 산업으로 인식해 왔다.

셀링 포인트selling point와 밸류 프로포지션value proposition[10]이 명확하면 돈을 지불하고 소프트웨어 기술을 구입하는 것을 당연하게 여긴다. 기술에 돈을 지불하는 것이 합리적으로 이뤄지는 토양이다. 한국에서는 B2B가 용역 및 SI(시스템 통합) 산업[11]으로 귀결된 것이 안타깝다. 세계적으로 엄청난 시장과 기회가 있는데, 이런 문화 때문에 제대로 자리를 잡지 못하고 있다.

미국 대기업이 기술 스타트업과 계약할 때 어떤 과정을 거치는지 궁금하다.

미국은 B2B 기술 솔루션이 워낙 다양한 산업에서 발달돼 왔고, 비즈니스 모델도 오랜 세월 동안 검증됐다. 그래서 제품의 가치와 가격을 원격으로 논의해도 추가 협상이나 합을 맞춰 보는 과정 없이 계약으로 잘 이어진다. 가격을 협상할 때는 "우리가 볼륨이 있으니 50퍼센트만 할인해 달라", "소프트웨어는 한번 만들면 복사해서 쓰면 되지 않냐. 싸게 해달라" 같은 얘기는 아예 안 한다. 인간관계를 동원해서 빡빡하게 나오거나 감정적인 소모를 하는 경우도 거의 없다. 회사 내부의 엔지니어링 팀과 프로덕트 매니저에게 물어보고 의견을 취합해서 '이 정도 가격에 이 정도 가치면 합리적이다'라고 판단하면 계약을 결정한다.

인맥과 자문은 하나다

데모데이를 준비할 때 파트너들이 어떤 조언을 했나?

잔소리를 하도 많이 들어서 다 기억도 안 난다. 화려한 단어를
집어넣거나 쓸데없는 스토리텔링이 들어간 문장을 모두 빼라
고 하더라. 어차피 2분 30초밖에 안 된다. 다 빼고 나니까 핵
심만 남았다. 창업한 이유가 핵심 요소가 아닌 이상 창업 스토
리도 필요 없다. '우리는 채팅 API를 제공한다, 매출 성장이 이
렇고, 고객사가 어디고, 팀원 구성은 이렇다' 이런 식으로 핵
심만 굵고 간결하게 넣었다. 그러고 나서 대본을 달달 외웠다.

데모데이 당일 VC들 사이에서 'YC가 인정한 스타트
업이니까 믿고 투자한다'는 분위기가 있다고 들었다.

확실히 그렇다. 심지어 데모데이 전부터 이메일이 날아온다.
너희 회사를 만나 본 적도 없고 팀원도 모르지만 투자하고 싶
다고 한다. 이유를 세 가지씩 들면서 말한다. 처음에는 사기
꾼인 줄 알았다.

> 단도직입적인 투자 제안 메일도 그렇고, 드라이한 회
> 사 소개, 간결한 피치 등 커뮤니케이션 방식이 우리와
> 는 많이 다른 것 같다.

나도 처음에는 서구식 커뮤니케이션에 적응하기 힘들었다. 글로벌 사업을 할 때 한국식으로 커뮤니케이션을 하면 힘든 점이 몇 가지 있다. 미괄식으로 얘기하면 무조건 망한다. 동양의 미덕은 끝까지 말을 듣는 것인데 미국에서는 시간을 안 준다. 미국에 간 지 얼마 안 됐을 때 VC들 앞에서 횡설수설하다가 무시를 당한 적이 있다. 몇 번 당하고 나니 잘못됐다는 느낌이 왔다. 숙소로 돌아와서 인터넷에 '네트워킹 파티에서 커뮤니케이션하는 방법'을 검색했다. 미국 사람들은 아이폰 잠금 화면에 이메일 제목이 다 뜨지 않으면 읽지도 않는다. 그러다 보니 스팸 광고도 창의적으로 온다. 센드버드 계정에 '이메일 리스트에서 탈퇴시켜 달라'는 제목의 메일이 와서 깜짝 놀라 열어 보니 '고객에게 위와 같은 문의가 온다면 우리 회사가 도와줄 수 있다'고 쓰여 있었다.

> 용건부터 얘기하면 예의 없는 사람으로 비치지 않나?

한국에서 사업하다 보면 '안녕하세요. 봄이 찾아왔네요. 오랜

만에 인사드립니다. 다름이 아니오라'로 시작하는 이메일을 종
종 받는다. 수신자가 미국 사람이라면 '다름이 아니오라'에서
삭제 버튼을 누를지 모른다. 한 문단 안에 용건을 넣어야 한다.
'왜'가 있어야 한다. '식사나 한번 합시다'가 아니라 내가 누구
고 왜 너를 만나야 하는지 짧게 설명하는 것이다. 어떻게 하면
상대가 시간을 덜 쓸 수 있을지, 부담 없이 내 부탁을 받아 줄
수 있을지 끊임없이 고민해야 한다. 그러면 이메일이 짧아지
고 핵심만 묻게 된다. 한국 감성으로는 짧은 이메일이 비인간
적으로 느껴질 수도 있다. 여기에 문화적 차이가 있는 듯하다.

YC에서 보낸 12주 동안 센드버드는 무엇이 얼마나 바뀌었나?

모든 것이 싹 바뀌었다. 회사 이름도 원래 인티지Inteage였다.
로고를 만들어서 상표권까지 신청했는데, 파트너가 사람들이
스펠링을 쉽게 맞힐 수 있는지 테스트를 해보라고 하더라. 회
사 이름을 듣기만 해도 구글에서 검색해서 찾아올 수 있도록
해야 한다는 얘기였다. 실제로 아무도 못 알아맞혔다. 단어들
을 조합해서 다시 만든 것이 센드버드다. 타깃 고객도 중소기
업과 스타트업 위주에서 중견 기업과 대기업으로 변했다. 자
연히 시장으로 가는 전략도 완전히 달라졌다. 고객사가 스스

로 소프트웨어를 설치하고 월 5만 원을 내는 서비스 모델에서, 영업 사원을 통해 얘기하고 견적을 받아 구매하는 방식으로 바뀌었다. 이것을 '고 투 마켓(시장 진입)' 전략이라고 한다. YC가 아니었다면 반년은 더 삽질했을 것이다. 스타트업에서 반년은 평생이다.

사업 전략을 바꾸는 과정에서 파트너들의 도움을 받았나?

2주에 한 번꼴로 YC 파트너와 동문에게 직접 연락을 취해 만났다. 우리가 경험하고 있는 시행착오를 이미 겪었고, 더 큰 기업을 경영해 본 분들이라 많은 도움이 됐다. 그분들이 계약서의 양식이나 내부 노하우 등도 공유해 줬다. 덕분에 시간과 비용을 아낄 수 있었다. 지금도 여전히 교류하면서 도움을 주고받고 있다. 일방적으로 도움을 받는다기보다 함께 성장하고 있다는 느낌이 강하다. 노하우도 공유하고 서로를 벤치마킹할 수 있어서 여러모로 도움이 된다.

YC의 강점으로 흔히 시드, 인맥, 자문을 꼽는다.

사업을 잘 운영한다면 투자는 어떻게든 받을 수 있다. 투자 유치는 YC 배치가 끝나고 나와서 잘하는 것이 훨씬 중요하다.

인맥과 자문은 하나인 것 같다. 내가 쓰지 않는 인맥은 아무런 도움이 안 된다. 내가 도움을 줄 수 없는 인맥도 마찬가지다. 내가 조언해 줄 수 있는 상황일 때 누군가에게 조언을 얻을 수도 있다. YC의 성공 비결은 바로 이런 네트워크의 선순환이다. 성공한 사람들이 다시 YC의 파트너가 되고 경험이 부족한 창업자들에게 도움을 준다.

스타트업을 운영하는 본인만의 철학이 뭔가?

나는 자연, 생물학, 물리학에서 많은 걸 배울 수 있다고 생각한다. 세포나 단백질을 보면 작은 구조가 전체와 비슷한 형태로 끝없이 되풀이되는 프랙털fractal 형태로 퍼진다. 작을 때는 단순했던 것도 커지면서 우아하고 복잡한 형상으로 나타난다. 나의 철학인 '수신제가 치국평천하'도 이 관점에서 보면 유사하다. 자기 자신을 수양하고 이해할 때 비로소 주변 사람들에게 올곧은 영향을 끼친다. 그 사소한 규칙이 발전해서 회사의 문화가 되고, 가치관이 되고, 문제를 해결하는 관점이 되고, 실행 방법이 된다. 이 가치에 공명하는 사람들이 모였을 때 회사가 성장하고 사회에 미치는 영향력이 생긴다.

배치가 끝나고 동기 회사 창업자들이 YC 깃발에 졸업 서명을 했다.

성공의 기회는 언제 온다고 보는가?

내가 하고 있는 일에 믿음을 포기하지 않을 때. 좌판 깔고 오래 버티다 보면 누구에게나 확률적으로 세 번의 기회가 온다고 본다. 좀 더 똑똑하고 열심히 준비했다면 그중에 적어도 한 번의 기회는 알아챌 것이다. 사업과 도박의 가장 큰 차이는 노력이라는 '인풋'과 함수를 결정하는 변수들에 내가 영향을 미칠 수 있다는 점이다. 노력하는 만큼, 포기하지 않고 하는 만큼, 확률이라는 것 자체를 바꿀 수 있다. 끝까지 하는 게 중요하다.

미소(Miso)

2015년 8월 설립됐다. 온·오프라인을 연계해 가사도우미 서비스를 제공하며, 빅데이터 기반 기술로 서비스를 향상시키고 있다. 설립 22개월 동안 연속 성장하며 누적 이용 100만 시간, 거래액 100억 원을 돌파했다. 이후 5개월 만에 누적 거래액 200억 원을 달성했다. 2016년 5월 한국 시장 사업으로는 처음으로 YC에 합격해 국내외 VC와 엔젤 투자자들로부터 31억 원 규모의 투자를 유치했다. 2018년 현재 서울, 경기, 인천, 부산, 대구 등에서 가사도우미 서비스를 제공하고 있다. 60만 명의 실사용자와 5000명이 넘는 클리너를 보유하고 있다.

3　　　　　관계보다 성과에 집중하라 ;

　　　　　　　빅터칭 미소 대표

무엇을, 얼마나 달성했는가

가사도우미 서비스를 창업한 이유가 궁금하다.

나는 하와이에서 태어나 자라고 미국 일리노이에서 대학을 다녔다. 한국에 홀로 떨어져 창업을 시작하면서 가장 힘든 점이 집안 청소였다. 집에서도 호텔 청소 서비스를 받을 수 있다면 얼마나 좋을까 생각했다. 청소야말로 1인 가구에게 정말 필요한 서비스였다. 누군가에게 필요한 서비스를 제공함으로써 만족감을 줄 수 있을 것 같았다. 이런 목표를 회사 이름에도 담았다. '미소Miso'는 작은 행복을 주는 서비스란 뜻이다.

청소 서비스가 아예 없던 서비스는 아닌데, 업계 대표 주자로 빠르게 성장했다.

우리는 클리너를 전문적인 서비스를 제공하는 프로로 대우한다. 기존 시장에서는 도우미분들을 '청소해 주시는 이모님'으로 보는 경향이 있었다. 하지만 청소는 실력뿐만 아니라 태도도 중요하다. 고객을 대하는 태도, 청소를 하는 태도가 그 사람의 전문성을 증명한다. 우리가 클리너를 면접할 때 경력보다 태도를 중시하는 것도 그런 이유 때문이다. 클리너를 단순히 이

모가 아닌 최고의 전문가로 보고 미소의 파트너로 발탁한다.

음식 배달 서비스 '요기요'의 창업 초기 멤버로 활동했다.

대학을 졸업하고 다시 하와이로 돌아와 6개월간 보험 회사를 다녔다. 주 5일 40시간 동안 기계처럼 일하는 게 적성에 안 맞았다. 고등학교 시절, 애플 제품을 판매하는 사이트들의 정보를 비교해 주는 블로그를 운영했던 경험이 떠올랐다. 그때 했던 일을 지금 못할 이유가 없다고 생각해 친구들과 작은 창업에 몇 번 도전했다. 그때 독일의 성공한 배달 음식 예약 서비스 딜리버리히어로Delivery Hero의 인큐베이터이자 모회사 격인 팀유럽Team Europe에서 벤처 파트너로 일하고 있던 김로빈 브레이브모바일 대표에게 연락이 왔다. 딜리버리히어로가 한국 지사를 설립하는데 같이 해보자는 제안을 받았다.

그다음에 미소를 설립한 건가?

'친친(친구의 친구)'이라는 회사를 먼저 창업했다. 소셜 미디어의 친구 목록을 연동한 지인 기반의 소개팅 앱이었다. 요기요에 젊은 사람들이 많았는데, 연애가 주요 관심사고 대화 주제였다. 서로 카카오톡이나 페이스북의 친구 목록을 구경하면서 소개팅을 시켜 줬다. 거기서 아이디어를 얻었다. 그런데 시작하자마자 주변에서 "왜 이런 걸 하는지 모르겠다", "요기요에서 배운 것이 많을 텐데 그런 지식을 왜 활용하지 않느냐"는 비판을 받았다. 맞는 말이었다. 얘기를 듣자마자 주말 이틀간 아무것도 안 하고 가사도우미 서비스 랜딩 페이지[12]만 만들었다. 만든 당일에 주문이 두 개 들어왔다. 열흘 동안 운영했는데, 친친도 시작한 지 얼마 안 된 시점이라 피버팅을 하기에는 이르다고 판단했다. 2015년 8월까지 2년간 친친을 운영하다가 접고, 바로 미소를 시작했다.

린 스타트업 전략의 전형이다. 시험 서비스를 먼저 내보고, 반응이 좋으면 본격적으로 론칭하고.

정말 빠르게 좋은 성과를 냈다. 8월 13일 웹사이트를 오픈했는데 8월 31일에 총 93개의 주문을 받았다. 9월 초까지 431명의 클리너가 우리와 일하고 싶다는 의견을 보내 왔다. 론칭하자마자 성과가 나와서 9월 말에 10만 달러 투자 유치 목표를 세웠다. 론칭 직전 투자자를 만났을 때도 친친을 폐업하고 가사도우미 서비스를 시작하면 바로 투자하겠다고 했다. 미소를 시작하고 다른 투자자들을 만났는데 "8월에 시작했다고? 작년 8월 말하는 거지?"라고 묻기에 "아니다. 한 달 전이다"라고 대답했다. 이 한 달의 성과를 보고 19만 달러를 투자받았다.

<u>YC는 어떻게 지원하게 됐나?</u>

언젠가는 한국 시장을 넘어 글로벌 기업으로 크고 싶었고, 실리콘밸리에서 투자를 받고 싶었다. YC는 스타트업을 글로벌 기업으로 성장시키는 최적의 액셀러레이터다. 친친으로 다섯 번 도전했다. 매번 떨어져서 희망이 없었지만 밑져야 본전이라고 생각하고 또 지원했다.

빅터 칭(Victor Ching) 대표

<u>같은 서비스로 다섯 번이나 도전한 근성을 봐서라도 한
번쯤 붙여 줄 만한데.</u>

YC가 중요하게 보는 관점이 '일정 시간 동안 무엇을, 얼마나
달성했는가'이다. 친친의 성과는 별로라고 생각했던 것 같다.
YC에 합격한 기업을 보면 두 가지 타입이 있다. 하나는 명확
한 성과가 나와 있는 타입이다. 미소는 창업하고 8개월 동안
월 거래액 2억 원을 넘기는 대단한 성장률을 보였다. 우리가
하고 있는 비즈니스에 대해 깊은 지식이 있다고 판단한 것 같
다. 두 번째는 팀 구성이 제대로 갖춰진 타입이다. 우리 배치에
초음속 비행기를 만드는 붐 테크놀로지Boom Technology라는 회사
가 있었다. 보통 비행기 하나를 만들려면 몇백, 몇천억 원이 든
다. 스타트업이 뛰어들기에는 무리한 영역이다. 그런데 이 붐
이라는 회사는 나사NASA와 보잉Boeing 출신들로 이뤄져 있었다.

<u>팀 구성원에 대한 YC의 신념이랄까, 철학은 어떤가?</u>

팀의 개발 능력을 중시한다. 아무리 서비스 기업이라도 자체
개발 능력이 없다면 뽑힐 확률이 낮다. 흔히 서비스를 만들고
출시하면 개발의 역할이 끝났다고 오해한다. 영화 〈소셜 네트
워크〉에서 "언제 끝나?"라고 물으니까 마크 저커버그가 "평

생 안 끝나지"라고 대답한다. 개발을 계속 외주에 맡기면 개선 속도가 늦어진다. 그건 성공으로 가는 길과 정반대다. 또하나는 공동 창업자끼리 지분 비율이 어떻게 나뉘어 있는지 중요하게 본다는 점이다. 공동 창업자 두 명의 지분이 9 대 1이라면, YC는 지분 90퍼센트를 가진 사람을 능력자로 판단한다. 그러면 능력이 낮은 사람이 왜 창업자 자리에 앉아 있냐고 묻는다. 둘 다 능력이 뛰어난데 지분이 일정하지 않으면, 상대를 존중하지 않느냐고 묻는다. 지분 10퍼센트를 가진 사람은 불만을 갖고 있을 거라고 여긴다.

지금 한 시간 잘하면 1조 원을 벌 수 있다

YC 면접을 다섯 번이나 경험했다. 파트너들의 성향이나 특징을 파악하는 데 나름의 안목이 생겼을 것 같다.

파트너가 워낙 다양해 모든 사람을 파악할 수는 없었다. 대신 나는 YC 지원 한 달 전에 인터내셔널 오피스 아워International Office Hours에 참여했다. YC 지원과는 별개의 전형이다. 여기에 선정되면 YC 파트너와 30분간 스카이프를 할 수 있는 기회가 주어진다. 나는 YC의 현 CEO인 마이클 세이벨에게 선택을 받았다. 마이클은 매우 똑똑하고 날카로운 사람이다. "YC는 미래를 위해 투자한다. 그런데 우리 경험상 너희 시장은 별로 좋지 않다"고 냉정하게 말했다. "왜 흑자가 아니냐. 흑자 전환하려면 직원 몇 명을 해고해야 하는지 아냐"고 물었다. 직원 한 사람 한 사람 가리키면서 역할이 뭔지, 급여는 얼마인지, 왜 해고하지 않는지, 일일이 파고들었다. 30분 동안 완전히 발가벗겨진 기분이었다.

짧은 시간이지만 정말 당혹스러웠겠다.

버스에 치인 느낌이었다. 이렇게나 부정적인데 꼭 지원해야 하나 고민할 정도였다. 하지만 지원서를 쓰는 건 30분도 안 걸리니까 썼다. 마음먹고 면접 준비에 임했다. 미소의 당시 성과가 저조한 것은 사실이라, 팀 케미스트리를 강조해야겠다고 생각했다. 면접에서 공동 창업자 한 명만 이야기하고, 한 명은 입을 다물고 있으면 마이너스 요인이 된다고 하더라. 그래서 나와 공동 창업자는 각각 클리너와 고객으로 주제를 나누고 면접 연습을 했다.

면접관이 누구였나?

초기 웹메일 서비스를 개발한 제프 랄스톤Geoff Ralston과 야후의 CPO였던 팀 브래디Tim Brady, 그리고 홈조이의 아도라 청이 앉아 있었다. 제프와 팀이 우리 서비스에 관심은 있는데, 홈 클리닝 쪽을 잘 몰라서 아도라에게 특별히 부탁했다고 했다. 아도라가 날카로운 질문을 계속 던졌다. YC 지원 당시 미소의 매출 상황이 그렇게 좋지 않아 솔직하게 말하니까 "별론데"라고 직설적으로 표현했다. 제프는 매우 호의적이었다. "지금은 힘들어도 계속 좋아지고 있지?"라고 분위기를 좋게 유도했다. 나와 공동 창업자 둘이서 "그렇다"고 열심히 끄덕끄덕했다. (웃음)

날카로운 질문은 구체적으로 어떤 건가?

클리너에 대해 "클리너 한 명 모집에 드는 비용은 얼마인가, 이 클리너와 얼마나 오래 함께했나, 1월에 가입한 클리너는 몇 명인가, 그중에 몇 명이 남아 있나?", 고객에 대해 "장기, 단기 고객 비율이 어떻게 되나, 한 달에 몇 번, 일주일에 몇 번 이용하나, 1월에 가입했던 고객 중 몇 퍼센트가 다음 달에 이용했는가?" 등을 물었다. 10분 동안 정확하게 답하려면 사전에 회사의 모든 자료를 숙지하고 있어야 한다. 면접이 끝나고 아도라가 "내가 이 면접에 참여한 게 너희에게 좋을 수도 있고 나쁠 수도 있다"고 했다. 결과가 나오기 전까지 무슨 의미일지 계속 생각했다.

합격 소식을 언제 어디서 들었나?

오후 5시쯤 면접장을 나와 페이스북 본사 옆에 있는 공원을 산책했다. 8시 30분이 되도록 연락이 없어서 떨어진 줄 알았다. 힘이 쭉 빠져서 저녁 먹을 생각도 못했다. 그때 전화가 왔다. "이건 YC다!"라는 느낌이 왔다. 공동 창업자가 휴대폰을 꺼내 합격 전화를 받는 순간을 영상으로 찍어 줬다. 곧바로 우리가 커뮤니케이션하는 슬랙을 통해 한국 팀원들에게 알렸다.

합격 후 12주 동안 하루를 어떻게 보냈나?

투스데이 디너와 오피스 아워 외에 공식 일정이 별로 없었다. 한국에 있을 때보다 훨씬 타이트하게 일했다. 서비스를 한국에서 하니까 근무 시간을 한국 시간에 맞췄다. 오후 2시에 출근해 새벽 6시까지 주 6.5일 일했다.

파트너들이 실적 압박을 강하게 준다던데.

처음 들어갔을 때 데모데이 목표를 줬지만 실적에 대한 압박은 스스로 더 많이 느꼈다. 파트너들이 항상 강조한 게 "지금 한 시간은 네 인생에서 가장 가치 있는 한 시간이다. 지금 한 시간을 잘하면, 1조 원의 가치를 얻을 수 있다"고 했다.

기억에 남는 다른 조언이 있다면.

YC는 그룹 오피스 아워를 할 때든, 미팅을 할 때든 늘 한 문장으로 회사 소개를 시킨다. 우리가 어떤 회사인지 알아도 매번 그렇게 시작했다. 배치 중간에 제프와 팀이 여름휴가를 가서 샘 알트먼Sam Altman YC 회장이 2주간 우리 그룹의 파트너를 맡았다. 처음에 "빅데이터 기반 기술을 통해 생활 개선을 하는 O2O 서비스 플랫폼이다"라고 회사를 설명했더니, 샘의 표정이 좋지 않았다. 심지어 심드렁해 보였다. "그게 뭔 소리냐"고 되물었다. "미소는 간편하고 믿을 수 있는 가사도우미 서비스 회사다"라고 다시 소개하니까 직관적이라며 좋아했다. YC는 회사를 소개할 때 나이 든 부모님도 바로 알아들을 수 있어야 한다고 강조한다. 스타트업을 만나다 보면, 5분 동안 소개를 들었는데 도대체 무슨 일을 한다는 것인지 이해하기 어려울 때가 많다. YC에 합격한 기업 중에는 그런 곳이 없다.

> 마이클 세이벨, 샘 알트먼 등 YC를 대표하는 인물들은 문제를 인식하고 해결하는 방법이나 코칭 스타일도 남다를 것 같다.

날카롭고 냉정하거나, 온화하거나. 내가 경험한 선에서는 둘 중 하나였다. 개인적으로는 전담 파트너였던 제프의 코칭 스타일이 잘 맞았다. 그는 웬만하면 좋은 얘기만 했다. "빅터, 넌 빌리어네어billionaire가 될 거야. 그러려면 이런 부분에 신경을 써야 해"라는 식으로 조언했다. 팀 브래디도 기분이 상할 만한 얘기는 잘 안 했다. 하지만 내 생각엔 균형이 필요하다. 마이클이나 샘 같은 냉정한 발화 방식도 있어야 한다. 그래야 문제를 냉정하게 파악하고 고칠 수 있다.

> 프로그램 외에 창업자들끼리 인사이트를 얻거나 도움을 주고받기도 했나?

YC에 들어온 창업자들을 보면 일상적으로 일 얘기밖에 안 한다. 바비큐를 구워 먹으면서도 서로 컨설팅을 해준다.

YC SUMMER 2016 배치에 참여한 동기들

다른 창업자들에게 도움을 준 경험이 있나?

하드웨어를 굉장히 잘 만드는 중국 회사가 있었다. 그런데 카
메라가 달린 선글라스 등 엉뚱한 제품을 몇만 개나 만들어 팔
려고 하더라. 중국은 실제로 하드웨어 강국인데, 미국 사람들
의 인식은 그렇지 않다. 중국 제품은 저렴한 대신 질이 떨어
진다고 생각한다. 그 창업자에게 미국에서 너무 많은 것을 판
매하려 하지 말라고 조언했다. 대신 드론이나 액션캠을 팔라
고 했다. 미국 시장에서 인기가 있는 상품인데 가격이 부담
스러우니 같은 성능의 제품을 저렴하게 만들면 승산이 있다
고 말해 줬다.

기억에 남거나, 경각심을 느끼게 한 창업자도 있었나?

브라질에서 교육 서비스를 하던 팀이 있었다. 모든 대학의 정보를 한 사이트에 모아서 개인 맞춤 정보를 제공하고, 대학에 합격하면 수익이 나는 구조였다. 실리콘밸리에서 시리즈A 투자 유치를 하려고 했는데, 희망하는 만큼 받지 못하고 돌아갔다. 그걸 보면서 한국 회사인 우리도 실리콘밸리에서 투자를 유치하는 게 쉽지 않겠다고 생각했다.

언어 때문인가, 아니면 한국 시장이 그렇게 매력적이지 않아서인가?

둘 다. 일단 한국 회사가 실리콘밸리에서 투자받는 일 자체가 어렵다. YC는 늘 다음 구글을 찾고 싶어 한다. 그런데 한국은 시장이 작다. 한국 시장에만 집중하면 구글만큼 가치 있는 회사를 키워 내기 힘들다. "실리콘밸리에 이미 좋은 회사가 많은데 굳이 한국까지 봐야 하나?"라는 투자자들의 얘기도 많이 들었다. 두 번째는 실용적인 문제다. 투자자도 투자한 회사를 도와주고 싶어 한다. 단순히 돈뿐만 아니라 도움에 큰 가치를 둔다. 만약에 우리 회사가 코스피에 상장할 수 있는 단계가 되면, 회사 상장을 경험한 사람을 데려와야 한다. 그런데 실리콘밸리 사람들이 한국 투자자에 비해 그런 분들을 추천해 줄 가능성이 적다. 그들이 아는 인물은 다 미국인이니까. 실제로 한국 창업자들을 도와줄 수 있는 부분이 많지 않다.

일, 잠, 밥, 운동 말고는 아무것도 하지 마라

YC 파트너들이 창업자들을 만날 때마다 "론칭했어?"라고 묻는다고 들었다. MVP[13]를 서둘러 출시하는 건 좋지만, 자칫 결함이 많은 제품이나 서비스가 나올 염려도 있다.

MVP는 우리 고객에게 필요한 최소 제품이나 서비스를 만드는 일이다. '그냥' 최소가 아니라 '우리 고객이 필요로 하는' 최소다. 창업자는 핵심에 집중해야 한다. 그런데 많은 분들이 핵심이 아닌 다른 일에 집중한다. YC를 나온 뒤 투자 자문을 구하기 위해 제프와 팀에게 자주 연락했다. 투자 유치는 사람 간 관계를 만드는 일이기 때문에 6개월 전부터 미리 준비하라는 사람도 있지만, 제프와 팀은 관계보다 성과에 집중하라고 조언했다. "제일 안전한 방법은 성과를 내는 것이다. 성과가 좋으면 관계는 만들어진다. 투자자에게 집중할수록 고객에게 덜 집중할 것이다. 투자자가 너를 찾아가게끔 만들어라."

YC 파트너들이 미소에게 가장 강조한 점이 뭐였나?

정기 고객 유지율이 중요하다는 것. 스트라이프의 공동 창업자 존 콜리슨John Collison도 오피스 아워를 통해 만났을 때 고객 유지를 강조했다. 홈조이라는 큰 실패 사례가 있어서 재방문율에 대한 조언도 많이 해줬다. 재방문 없이는 성장도, 흑자도 없다고 했다.

투자자가 찾아가게끔 만들라거나, 정기 고객을 유지하라는 조언은 퍽 교과서적이다.

YC는 솔루션을 준다기보다 솔루션을 찾을 수 있게 도와준다. 우리 비즈니스에 대해 우리만큼 잘 알지는 못하기 때문이다. 우리 팀은 정기 고객의 이탈 사유를 일일이 분석했다. 클리너가 너무 자주 교체된다는 고객의 피드백에는, 연속적으로 같은 고객의 집을 방문하는 클리너에게 보너스를 지급하는 등의 개선책을 마련했다.

네트워킹 회사, 기자, 투자자들도 안 만나고 정말 일에만 몰두했나?

투자자가 중간중간 연락해 오면 우리는 집중하고 있으니까 데모데이 즈음에 다시 얘기하자고 답했다. YC의 파트너이자 지메일 개발자 폴 부크하이트는 오리엔테이션 때 네 가지를 강조했다. "일, 잠, 밥, 운동. 네 가지 말고는 아무것도 하지 마라. 페이스북도 탈퇴해라. 친구들한테 이상한 종교에 빠져서 멀리 갔다고 말해라." 투스데이 디너 강연에서 휴대폰을 사용하다 걸리면 다음 날 전체 메일이 왔다. "이런 자리에 집중하지 못하면 YC에 있을 사람이 아니다"라고.

표현이 굉장히 직설적이다.

폴 부크하이트는 YC 마지막 날에 "스타트업은 다 쓰레기인 것 같다All startups are trash"라고 했다. 스타트업은 웬만하면 거의 다 망한다는 소리다. 그러면서 "너희들도 망할 거다. 그런데 그건 너희가 잘 못하기 때문이다"라고 하더라. 창업자에게 제일 위험한 것은 스스로에게 하는 거짓말이다. 차라리 사업이 잘 안 되고 있다는 사실을 인지하는 것이 잘되고 있다고 착각하는 것보다 훨씬 건강하다. 착각하고 있으면 개선할 수 없으니까. 그래서 YC는 쓴소리여도 무조건 이야기한다.

치열한 경쟁을 뚫고 들어온 창업자에게 꼭 그렇게 아픈 소리를 해야 할까?

YC는 스스로 잘할 수 있는 창업자를 뽑는다. 그 한마디에 영향을 받아서 포기하면 '잘못 뽑았다'고 생각할 것이다. 하지만 YC에 들어온 창업자는 솔직하게 말해도 무너지지 않을 사람이라는 것을 그들도 안다.

3개월간 무엇이 가장 힘들었나?

북페이스에 데모데이 당일에만 열리는 웹사이트가 하나 있다. 그 안에 VC들이 관심 있는 회사에 '좋아요'를 누를 수 있는 기능이 들어가 있다. 어느 VC가 누구를 선택했는지가 다 공개된다. 어떤 회사는 100개가 넘는 VC들에게 '좋아요'를 받았다. 우리는 열 개도 못 받았다. 아마 우리 기수에서 제일 인기가 낮은 회사 중 한 군데였을 것이다. 그런데 바로 다음 날이 심적으로 더 힘들었다. 데모데이 다음 날 '좋아요'를 누른 VC들 가운데 첫 열다섯 곳과 30분씩 미팅을 하는 인베스터 데이를 진행했다. 한 회사당 평균 미팅 수가 열네 번이었다는데, 우리는 네 번만 했다. 우리 테이블은 거의 비어 있었다. 할 일도 없고 창피해서 홀에서 나와 공동 창업자와 주차장에 앉아 있었다. (웃음)

왜 선택을 많이 못 받았을까? 한국 서비스라서?

한국을 잘 모르기는 했지만 동기였던 시어스랩은 '좋아요'를 40~50개는 받았다. 홈조이 파산이 VC들에게 영향을 미쳤을 것이다.

실제 투자는 인베스트 데이에서 일괄적으로 결정되는가?

데모데이에서 즉석으로 투자 결정이 나기도 하고, 인베스트 데이에서도 이뤄진다. 우리는 데모데이 일주일 전에 58만 5000달러를 받았다. 정식 데모데이를 하기도 전에 투자를 받았으니 당일에는 더 인기가 좋을 거라고 내심 기대했다. 피치를 준비하면서도 파트너들에게 나쁜 피드백을 받지 않아서 자신이 있었다.

<u>데모데이 준비가 수월하게 진행됐던 모양이다.</u>

나는 어디에 집중해야 하는지 알았다. 피치를 연습할 때 마이클 세이벨이 공개적으로 피드백을 준다. 누구나 보고 있는 현장에서 "이건 최악이다"라거나 "전혀 이해할 수 없다"고 잔소리한다. 웬만한 회사들의 슬라이드 구성이 이 과정에서 많이 바뀐다. 우리가 피치를 했을 때는 "잘했다"는 칭찬을 들었다. 첫 연습 때와 정식 데모데이에서 슬라이드 구성이 거의 바뀌지 않았다. 그런데 저스틴 칸의 의견은 좀 달랐다. "너희 피치는 좋은데, 나라면 미소에 투자하지는 않을 거야"라고 했다. 그도 홈 클리닝을 창업했던 경험이 있기 때문에, O2O 가사도우미 서비스 쪽이 얼마나 성장하기 척박한 분야인지 잘 알았던 것 같다.

최고의 창업가는 바퀴벌레다

<u>보통 투자자에게는 하기 힘든 사적인 고민도 YC 파트너들에게 털어놓았나?</u>

물론이다. 우리 조직 내부에서 갈등이 있었는데, 나는 중간에서 어떤 행동을 취해야 할지 몰랐다. 그래서 팀 브래디에게 사

람에 대한 자문을 구했다. 팀은 야후의 첫 번째 직원이었다. 야후가 폴 그레이엄이 창업했던 회사를 인수하면서, 폴이 자신의 부하 직원으로 들어왔을 때 에피소드를 들려줬다. 매일 폴이 자신의 사무실에 찾아와서 "이런 게 엉망이라 고쳐야 한다"고 전투적으로 말했다더라. 골치도 아프고 기분도 나빴지만 폴이 하는 말을 인정할 수밖에 없었다고 한다. 그의 말이 합리적이었기 때문이다. 그러면서 나에게도 갈등을 겪는 팀원들에게 "상대방의 말이 마음에 들지 않더라도 맞는 부분이 있지 않느냐"고 얘기해 보라고 제안했다.

YC를 경험한 이후 인사 운영에 변화가 생겼나?

첫째, 회의 때마다 내 의견에 반대하는 사람이 한 명도 없으면 문제라고 팀원들에게 말하고 있다. 물론 현실적으로 쉽지는 않다. 대표는 어려운 사람이니까. 하지만 대표라고 해서 100퍼센트 완벽한 사람이 아니다. 오히려 못나고 부족한 부분이 많다. 나의 의견에 무조건 동의하지는 않는 사람. 난 그런 사람을 누구보다 신뢰한다. 둘째, 회사가 더 치열해졌다. YC에서 잘되는 스타트업들의 면면을 보면 업무 강도가 굉장히 높다. YC에 있을 때 폴 부크하이트는 자신이 구글의 스물세 번째 직원이었지만 얼마나 열심히, 긴 시간 일했는지를 강조했다. 매일 새벽 3시에 퇴근하고 오전 10시에 출근했다더라.

<u>열심히, 오래 일한다고 누구나 잘하는 것은 아니다.</u>

동의한다. 시간은 중요하지 않다. 그러나 스타트업에서 일한다는 것은 아웃라이어outlier[14]가 되는 것이다. 능력이 뛰어나다는 전제하에 자신의 분야에서 최상급이 돼야 한다. 그러기 위해서는 타고난 능력에 엄청난 노력이 따라야 한다. 회사의 직원을 두 종류로 나누면 근로자와 기획자가 있다. 묵묵히 주어진 일을 하는 사람은 근로자다. 이런 사람은 0에서 100을 만든다. 한편 일을 삶의 한 부분으로 받아들이는 사람, 일상에서 아이디어를 얻고 자발적으로 자문을 구하러 다니는 사람은 기획자다. 이런 사람은 0에서 200을 만든다.

<u>폴 그레이엄이 '최고의 창업가는 바퀴벌레와 같다'는 말을 했다. 무슨 의미인가?</u>

폴은 스타트업이 죽는 이유를 하나로 압축한다. 창업자가 포기하기 때문이다. 바퀴벌레는 생존력이 강하다. 핵무기로도 멸종시킬 수 없다. 포기하지 않고 끈질기게 매달리면, 어디서든 살아남고 성공할 수 있다는 뜻이다. 이건 팀 차원에도 적용

되는 얘기다. 예전에 폴이 몸담았던 기업에 똑똑하고 유능한 직원이 많았지만, 결코 성공적인 그룹은 아니었다고 회고한 글을 본 적 있다. 나는 끈기 있고 뛰어난 사람들을 한곳에 모아서 한길로 나아가게 만드는 창업자가 되고 싶다.

빨리 접고 다른 길로 선회하는 게 때로는 더 좋은 방법일 수도 있다.

버티고 버텨서 잘되는 경우도 있고, 너무 오래 버티다 시간과 비용과 에너지만 소모하는 경우도 있다. 어느 경우가 좋다고 단정 지을 수는 없다. 나는 그런 상황에서 팀원들의 조언을 듣는 것이 현명하다고 생각한다. 내 창업 인생의 최대 위기는 친친을 접을 무렵이었다. 친친을 계속할지, 관두고 인수하려는 회사에 들어갈지, 사업을 완전히 접을지, 세 가지 옵션이 있었다. 회사가 아니라 한 명 한 명의 인생이 걸린 선택이었다. 팀원들에게 "앞으로 3개월간 월급 100만 원씩 줄 수는 있는데, 그 안에 큰 성과를 얻지 못하면 투자를 더 받아 올 능력이 안 된다"고 솔직하게 말했다. 팀원들의 의견에 따라 친친을 접고, 미소에 새롭게 도전했다.

미국 VC들의 특징이 궁금하다.

미국 VC들은 꿈을 크게 꾼다. 예를 들어 화성에 아파트를 짓고 싶어 하는 스페이스X 같은 회사가 나타나도 "괜찮은데?"라고 반응한다. 과감하게 투자한다.

문화의 차이일까?

미국은 성공 케이스가 주변에 많으니까 '나도 할 수 있다'는 의식이 깔려 있다. 가깝게 지내는 개인 투자자가 있는데, 아쉽게 놓친 투자 기회를 자주 생각하더라. 핀터레스트 출범 초기에 투자할 기회가 있었는데 하지 않았다고 한다. 그때 5000만 원만 투자했어도 지금 가치가 1000억 원이 넘을 거다.

실리콘밸리와 우리나라 창업 문화를 비교한다면.

실리콘밸리에는 창업을 하거나 스타트업에서 일한다는 것이 현실적으로 얼마나 어려운 일인지 인지하고 뛰어드는 사람들이 많다. 반면 한국에서 창업은 내가 하고 싶은 일을 자유롭게 할 수 있는 공간이고 방법이라는 인식이 있는 것 같다. 한국 친구들과 일요일 저녁에 술자리를 갖다가 일찍 일어나니까 "사장님인데 내일 늦게 출근하면 안 돼?"라고 하더라. 정부에서 창업 지원금을 받아 사업하다가 잘 안 되면 쉽게 포기하는 것도 마찬가지 이유에서다. 쉽게 도전하고 쉽게 발을 떼기보다 사업을 시작하기 전부터 비즈니스의 어려움에 대해 생각해 봐야 한다.

시드 머니, 자문, 인맥 중 YC의 강점을 뭐라고 할 수 있을까?

인맥이라고 생각한다. 시드 머니는 약 10만 달러밖에 안 된다. 적은 돈이다.

YC 출신뿐만 아니라 실리콘밸리 자체에 끈끈한 유대 관계가 형성돼 있다고 들었다.

서로 도와주려는 마음이 강하다. 실리콘밸리에 가면 사람들이 첫 만남부터 "너 뭐해? 내가 어떻게 도와줄 수 있을까?"라고 묻는다. YC라는 꼬리표를 떼고도 그렇다. 스티브 잡스가 젊었을 때 HP 대표에게 전화해 다짜고짜 관심 있는 물건이 있는데, 좀 줄 수 있느냐고 물었다는 에피소드가 유명하다. HP 대표가 흔쾌히 줬다고 한다. 이런 문화가 전부터 정착

돼 있다. 성공한 회사의 창업가는 자신을 도와준 사람을 언제나 기억할 것이다.

그런 유대 관계가 어떻게 지속될 수 있나?

YC 커뮤니티에서는 신뢰가 제일 중요하다. 창업자들이 투자자를 만나서 안 좋은 관계를 맺으면 YC에 안 좋은 이미지가 생길 수 있다. YC 동기끼리 편하게 한 얘기인데 그 회사 비밀을 다른 곳에 가서 공개하면, 네트워크 내에서 편하게 얘기하는 문화가 사라질 것이다. 이런 기본적인 부분을 반드시 지켜야 한다. YC는 창업자들에게 잘못하면 이 네트워크에서 쫓겨날 수 있다고 늘 얘기한다.

예비 창업가, 스타트업을 운영하는 사람들에게 마지막으로 한마디 부탁한다.

왜 창업을 하고 싶은지 자기 자신에게 질문해 봐라. 내가 하고 싶은 일을 하려고? 사업이 어느 정도 성공한다면 그다음부터는 창업가가 좋아하는 일이든 좋아하지 않는 일이든, 고객이 원하는 것을 해야 한다. 스타트업 운영 초기부터 내가 좋아하는 것보다 고객이 좋아하는 것에 집중해라. YC의 중요한 가르침이

"사람들이 원하는 것을 만들어라Make something people want"이다.

"당신이 원하는 것을 만들어라Make something you want"가 아니다.

브레이브모바일(Brave Mobile)

2014년 12월 설립됐다. 청소 도우미 서비스 모델로 6개월간 운영하다가 2015년 10월 전문가 매칭 O2O 서비스 '숨고'로 피버팅했다. 숨고 플랫폼에는 2018년 6월 기준 10만 명의 전문가(고수)가 활동하고 있다. 전문가를 포함한 전체 이용자는 65만 명이다. 케이터링, 이사, 개인 레슨, 마술, 회계 등 600여 개 서비스를 제공하고 있다. 2017년 1월 YC를 경험했다. 최근 IMM인베스트먼트, 아이디벤처스, 데브시스터즈벤처스, YC, 스트롱벤처스, 프라이머, 스탈링벤처스 등 VC들로부터 36억 원 규모의 시리즈A 투자를 유치했다.

스포츠 팀을 꾸려라 ;
김로빈 브레이브모바일 대표

회사를 한 줄로 설명하라

운영 중인 서비스를 소개해 달라.

숨고Soomgo는 '숨은 고수'의 줄임말이다. 전문 서비스업에 종사하는 프리랜서와 소상공인을 소비자와 연결시켜 주는 서비스 오픈 마켓[15] 플랫폼이다. 전문 분야에 강점이 있는 사람들은 한곳에 모여 있지 않고 수많은 인터넷 카페와 블로그, 커뮤니티에 분산돼 있다. 소비자가 전문 서비스를 구매할 때 중간에서 유통비에 해당하는 마진을 받는 대행업체들이 많은데, 숨고는 이런 시장 구조에 창조적 파괴를 가져올 수 있는 곳이다.

창조적 파괴란 구체적으로 무엇을 의미하는가?

소비자들은 숨고에 들어와 원하는 서비스를 무료로 요청할 수 있다. 그러면 서비스 제공자 즉, 고수들이 견적서를 작성해 직접 소비자에게 보낸다. 숨고를 이용하는 고수들은 가입한 멤버십 비용에 따라 멤버십 이용 기간 동안 그에 해당하는 크레디트credit를 받는다. 소비자 한 명에게 견적서를 보내는 데 크레디트가 필요하다. 차감되는 크레디트 개수는 서비스별 수요, 공급 및 특성에 따라 다르다. 소비자들은 전문가들의 서비스 내용과 가격을 비교할 수 있고, 고수들은 본인의 상황에 맞는 서비스와 가격을 제안할 수 있다. 쌍방 모두 적은 비용으로 최적의 효과를 볼 수 있다는 점이 기존 전문 서비스 매칭 시장의 룰을 깨는 창조적 파괴인 셈이다.

수익 구조가 궁금하다.

고수들이 내는 멤버십 비용만으로 수익을 내고 있다. 수입에 따른 수수료는 일절 받지 않는다. 일회성이 아니라 꾸준히 숨고를 이용하시는 분들이 많다. 우리 플랫폼에 들어온 프리랜서와 소상공인들의 비즈니스가 성장하면서 숨고도 자연스럽게 성장하고 있다.

한국의 O2O 온디맨드on demand 서비스 환경은 어떤가?

한국의 O2O 온디맨드 시장을 보면 주로 운전, 세탁 등 비교적 표준화가 쉬운 서비스에 집중돼 있다. 숨고는 인테리어, 케이터링, 결혼 준비, 청소, 개인 레슨, 이사 전문가, 비즈니스 아웃소싱 등 맞춤형 전문 서비스를 제공하는 데 주력하고 있다. 현재 총 600여 개 분야에서 고수들과 소비자를 매칭하고 있다.

한국 시장을 타깃으로 하는데, 미국 토종 액셀러레이터 YC에 지원한 이유가 궁금하다.

사실 나도 그런 생각을 갖고 있었다. YC는 이른 시일 내 글로벌 진출 계획이 없고 홈(특정 국가) 시장만 공략하는 회사는 잘 뽑지 않았던 걸로 안다. 그런데 최근에는 미국 밖에서 온 스타트업들에게도 기회가 주어지는 것 같다. 우리 전 배치에서 빅터칭 미소 대표가 합격하는 것을 보고, 지역에 밀착한 하이퍼 로컬 스타트업도 가능성이 있다는 것을 확인했다. 또 다른 이유는 숨고의 공동 창업자인 강지호 이사의 추천이었다. YC만큼 유명한 액셀러레이터인 500스타트업스의 첫 번째 배치에 참여했던 강지호 이사가 YC를 강력 추천했다. '굳이 거기까지 가야 하나'라는 고민이 있었는데, 많은 것을 얻을 수 있을 거라는 말에 넘어갔다.

면접을 준비하면서 특별히 신경 쓴 부분이 있나?

면접 전에 빅터칭 미소 대표, 정진욱 시어스랩 대표를 만나서 어떤 질문을 하는지 물어봤다. 둘 다 "숫자에 대해 알아야 한다. KPI(핵심 성과 지표)부터 디테일한 부분, 회사의 장기적 목표까지 설명할 수 있어야 한다"고 했다. 실제로 면접 자리에 앉자마자 가장 무서운 분에게 질문 세례를 받았다. 그분이 회사 매출, 수치에 대한 질문을 퍼부었다. 2017년부터 YC의 CEO를 맡고 있는 마이클 세이벨이었다. 면접이 끝날 때까지 나는 누군지도 몰랐다.

만나 보니 어떤 사람이던가?

마이클은 면접 때부터 포스가 워낙 강했다. 잠깐이라도 마이클과 얘기해 보면 왜 그가 CEO를 맡게 됐는지 알게 된다. 한국 시장을 전혀 모르는 상태임에도 네이버라는 포털이 있고, 구글 같은 곳이고, 그 안에 지식인이라는 카테고리가 있고, 이런 식으로 설명을 하면 네이버에 대해 곧바로 파악한다. 1년에 수천 개의 스타트업을 만나 조언을 해주려면 30초 안에 상대 회사가 뭘 하는 곳인지, 문제점이 뭔지 빨리 파악해야 한다. 나는 그분처럼 똑똑한 사람을 별로 만나 보지 못했다. 마이클은 YC 창업자들에게도 실력으로 인정받는 사람이다.

그렇게 날카로운 면접관이라면 짧은 시간만 얘기해도 약점을 들키겠다.

마이클이 "더 성장하기 위해 반드시 만날 수밖에 없는 장애물이 뭐냐"고 물었다. 길게 대답했더니 중간에서 자르고, "다시 물어보겠다. 지금 무시할 수 없는 가장 큰 장애물이 뭐냐"고 하더라. 너무 당황해서 공동 창업자 세 명이 서로 번갈아 보다가 내가 공급과 수요에 대해 자세히 얘기했다. 그러자 마이클이 다시 "핵심에 집중하라Get to the core"고 했다. 결국 한 문장으로 대답했다. "서비스를 제공할 전문가들이 더 필요하다." 그러니까 다음 질문으로 넘어갔다. 마이클뿐만 아니라 실리콘밸리 문화가 그런 식이다. 문제 정의를 길게 하면 안 좋아한다. 간결하게, 정확하게 답하는 걸 좋아한다. 그래야 핵심 사안core issue을 파악하고 처리할 수 있다고 본다.

미국은 중요한 거래나 계약이 발표, 토론으로 성사될 만큼 말로 하는 비즈니스가 중요하다고 들었다. 상대를 설득하는 말하기에는 소위 양념 같은 말들도 달라붙기 마련 아닌가?

무조건 짧게 말하라는 것이 아니라 메시지를 명확하게 전달하라는 의미다. 실리콘밸리에서 엘리베이터 피치elevator pitch란 말도 나오지 않았나. 엘리베이터 문이 닫히고 열릴 때까지 바로 옆에 있는 VC에게 피치를 하는 것이다. 1분도 안 되는 짧은 시간에 자신의 성과를 한 줄로 설명하는 문화가 실리콘밸리 문화다. VC 입장에서는 일주일에 수백 개 회사를 만난다. 짧은 시간 안에 이목을 끌어야 한다. 그래서 YC에는 '원 라이너one liner'라는 코칭이 있다. 모든 창업자가 자기 회사를 한 줄로 설명해야 한다. "너무 길다. 무슨 말인지 이해 못하겠다"고 하면서 파트너들이 일침을 놓는다.

그 한 줄이 회사의 캐치프레이즈가 되는 건가?

캐치프레이즈라고 하면 너무 강하고, 내가 어떤 일을 하는 사람인지 분명하게 이해시키는 일종의 코칭이다. 처음에는 숨고를 "매칭 시스템을 이용해 소비자와 공급자를 잇는 마켓 플레이스"라고 소개했는데, 지적을 받았다. 사람들은 자신의 일을 거창하게 묘사하고 싶은 본성이 있다. 가령 AI 스타트업이라면 우리는 혁명적인 플랫폼이라는 둥 거창하게 말하게 된다. 그러나 YC 파트너들은 다른 건 필요 없고 정확히 한 줄로 말하라고 한다. 상대방이 이해를 못하면 다음 대화로 이어지지 못하고, 회사에 대한 관심도 떨어질 것이라고 말한다. "숨고는 피아노 선생님, 이사 전문가, 웨딩 플래너가 새로운 고객을 찾을 수 있게 도와준다." 이거면 된다.

면접에서 '원 라이너' 기질을 발휘했나?

면접은 굉장히 못 봤다. 너무 긴장했다. 긴장할 수밖에 없는 분위기다. 한국에서 미국까지 비행기 타고 가서 10분 앉아 있다가 끝난다. 면접 끝나고 나오면서 '와, 큰일 났다. 이 사람 대체 누구지?' 하고 찾아보니까 마이클 세이벨이었다. 저녁 먹을 때 마이클과 함께 파트너로 참여했던 아도라 청에게 합격 전화가 왔다. 기분이 너무 좋다가도 '파트너들이 일부러 압박 면접을 한 건가' 싶었다.

김로빈 대표

관점을 얻는 네트워크

프로그램 기간 동안 어디서 생활했나?

YC 본사 근처의 멘로 파크Menlo Park에 집을 얻었다. 페이스북 본사와도 가까워서 정말 좋은 곳이라 생각했는데 착각이었 다. 숙소 밖을 벗어나면 아무것도 없는 황무지였다. 이게 YC 의 노림수일지도 모르겠다. 스타트업들이 비즈니스를 구축하 는 데만 집중할 수 있을 테니까.

YC가 있는 마운틴 뷰도 비슷한 환경인가?

마운틴 뷰는 그나마 생기가 도는 지역이다. 레드 락 커피라는 카페에 쓱 들어가면 YC, 500스타트업스의 직원이나 창업자 열댓 명을 볼 수 있었다. 일반 카페가 아니라 스타트업 창업자 들이 주말에 찾는 '핫 플레이스'였다. 거기 드나드는 사람들 사 이에 이런 소문이 돌았다. 바리스타가 세쿼이아 캐피털의 투 자자인데, 대박을 칠 차기 기업가를 찾아 그 자리에서 바로 투 자하려고 바리스타인 척하며 엿듣는 중이라고. 그 얘기를 너 무 많이 들었더니 나중에는 진짜 그런가 하는 생각도 들었다.

YC에 입성하자마자 가장 먼저 한 일이 뭐였나?

매출 신장 목표를 세웠다. 어느 회사나 마찬가지였을 것이다. 3개월이란 시간이 그리 길지 않다. 그것 때문에 오피스 아워를 하는 거다. '프로그램 자체는 별거 없구나. 투스데이 디너만 하네' 싶지만 그게 YC 스타일이다. 사업을 키우는 데만 집중하게 만든다. 나는 일주일에 한 번씩 파트너들과 목표를 정하고, 파트너를 안 보는 동안 신규 카테고리 서비스 신설이라는 목표에 도달하려고 노력했다.

데모데이 투자 유치나 밸류에이션에 대한 압박도 강하다고 들었다.

투자를 많이 받으라거나, 밸류에이션을 높이라는 압박은 전혀 주지 않는다. 대신 펀드 레이징(fund raising, 투자 유치)을 빨리 끝내고 사업에 집중하라고 강조한다. 프로그램 3개월 동안 밸류에이션 조절하면서 투자자들이랑 협상하는 건 시간 낭비라고 하더라.

펀딩을 빨리 끝낼수록 좋다는 건 무슨 뜻인가?

YC는 초기 단계의 스타트업이라면 투자 액수나 기업 가치보다 서비스의 효용에 집중해야 한다고 말한다. 펀드 레이징을 많이 한다고 성공하는 건 아니라는 뜻이다. 오히려 그 반대 케이스도 많다. 에어비앤비도 YC에 있을 때에는 60만 달러를 투자받았다. 7억 원도 안 된다.

인공지능이나 빅데이터처럼 이른바 대세 아이템들이 있다. 서비스의 효용을 따지기에 앞서 그런 아이템이 성공할 확률이 더 높지 않을까?

나는 사람들이 원하는 아이템이라면, 분야가 뭐든 최고의 강점을 가진 스타트업이라고 생각한다. 면접에서 그 점을 보여주면 된다. 내가 참여한 배치에서 스무디 사업으로 들어온 스타트업이 있었다. 스무디를 온라인으로 주문하면 사무실에서 만들어 보냈다. 평범한 아이템이지만 사람들이 원한다는 걸 숫자로 피칭하니까 합격했다. 커피 스타트업도 있고, 아프리카에서 와이파이를 다루는 곳도 있었다. YC의 핵심 철학이 "Make something people want"이다. 사람들이 원하는 걸 만들면 나머지는 저절로 해결된다.

12만 달러를 투자한 뒤 투자금을 어떻게 쓰는지는 간섭하지 않나?

전혀 안 한다. YC 파트너들도 그런다. "우리는 부모님처럼 이렇게 해라, 저렇게 해라, 안 한다. 대신 3개월 프로그램에 참여하는 동안에는 한 가지에만 집중해라. 그럼 성공할 수 있다." 다만 매년 말 안 듣는 스타트업들이 있다고 했다. 그런 스타트업들은 꼭 죽는다더라. (웃음) YC에서 투자받은 뒤에 비즈니스에 집중 안 하고 강연하러 돌아다니는 창업자들이 있는데, 그런 분들을 타깃으로 한 말 같았다.

교육도 이런 방식으로 하나?

그렇다. 하나하나 엄격히 관여하지는 않지만 핵심에 집중하라고 계속 강조한다. 그래서 KPI만 올리게 한다. 핵심 지표가 올라가면 다른 지표도 따라서 올라가기 마련이다. 다른 모든 것은 상황에 따라 바꿀 수 있지만 핵심만은 지켜야 한다. 무엇에 집중할지는 매출, 다운로드 수, 트래픽, 계약, 콘텐츠 등 회사마다 조금씩 다른데, YC에서 가장 중요하게 생각하는 평가 지표는 매출이다. "매출이 올라가면 투자는 알아서 들어온다. 투자자들을 억지로 찾아다니면 다 잃을 수도 있다"고

반복해서 말한다.

> YC에 들어오면 평소 만나기 힘든 명사들을 만날 수 있
> 다. 사업에만 집중하기보다 네트워킹을 강화하는 게 더
> 좋은 전략이 될 수도 있지 않나? 다시는 없을 3개월인데.

YC가 말하는 집중의 의미는 살짝 다르다. 사업에 가장 이로
운 방법으로 집중하라는 뜻이다. 매출을 올리는 과정에서 필
요한 게 있으면 네트워크를 이용하라고 한다. 멘토 파트너, 파
트타임 파트너, 파트너의 지인들, 모두 대단한 성공을 거둔 사
람들이다. 그들과 대면하면서 관점perspective을 얻을 수 있다.
정규 프로그램이 두 개밖에 없어도 많은 창업자들이 그런 분
들을 만나느라 항상 바빴다.

> YC는 개개인의 능력은 물론, 팀원 간 관계까지 중요하
> 게 본다고 한다.

"스포츠 팀이 돼야 한다." 이것이 팀 빌딩에 대한 YC의 지론
이다. 스포츠는 퍼포먼스가 중심이다. 제일 잘하는 사람을 제
일 좋은 자리에 배치한다. 코치가 전략을 짜고 선수들이 잘 받
쳐 주면 챔피언스리그에서 이길 수 있다. 그런데 스포츠로만

끝나면 그 팀은 지속될 수 없다. 서로를 배려하고 감정적으로 다독이는 가족 관계가 수반돼야 한다. 스포츠 팀과 가족을 반대로 생각하면 안 된다. 서로 기대고 의지하면서 퍼포먼스를 창출해 다 같이 가야 한다. 그래야 지속될 수 있다.

가족이자 스포츠 팀인 스타트업의 CEO는 어떤 리더가 되어야 할까?

좋은 리더는 일을 시키는 사람이 아니라 목표를 설정하는goal setting 사람이라고 생각한다. YC의 벤처 캐피털리스트 중 한 명인 알리 로가니Ali Rowghani는 "CEO의 일은 리더의 자리에 자신보다 훨씬 해당 업무를 잘해 낼 수 있는 사람을 찾아 앉히는 것"이라고 말했다. 동감한다. 가장 핵심은 리더 스스로 책임감을 갖고, 이후에는 팀원들에게 그 책임감을 넘겨줘서 이 사람이 나보다 더 잘할 것이라는 믿음을 가지는 것이다.

준비보다 실행이다

모든 경험자가 손꼽는 YC의 강점이 막강한 네트워크다.

에어비앤비의 그로스 리드Growth Lead인 구스타프 알스트로머

Gustaf Alstromer, 스트라이프의 존 콜리슨, 지메일을 만든 폴 부크하이트 등 좋은 사람을 정말 많이 만났다. 그들에게 다양한 관점을 배웠다. 누가 맞고 틀리다기보다 우리가 생각지도 못한 솔루션을 제시해 줬다. 이곳의 파트너, VC들도 우리와 비슷하게 시작한 사람들이다. 자기가 배운 것을 가르쳐 주려고 이곳에 왔다. YC가 월급을 준다고 해도, 월급이 필요 없는 사람들이다.

자극도 많이 받았겠다.

물론이다. 우리 배치에는 과거 엑시트를 경험한 사람도 있었고, 예전에 창업한 회사를 나스닥 등 주식 시장에 상장시켜 본 베테랑도 둘이나 있었다. 러시아에서 가장 큰 호텔 예약 사이트를 만든 사람도 있었고, 유니콘 기업인 제네피츠Zenefits의 창업자 파커 콘래드Parker Conrad는 다음 회사를 처음부터 다시 꾸리고 있었다. 배경이 어떻든 간에 YC라는 커뮤니티 안에서는 모두가 동등하게 경쟁하고 상호작용했다.

숨고가 안고 있는 도전 과제를 새로운 시각으로 바라보게 해준 사람도 있었나?

그룹 세션 중에 마이클이 앞으로의 계획을 물었다. 이번 주에 새로운 서비스를 하나 론칭할 계획이라고 답했다. 당시만 해도 숨고의 서비스가 레슨밖에 없었다. 그랬더니 마이클이 조금 생각하다가 특유의 날카로운 질문을 던졌다. "왜 더 많은 서비스 카테고리를 론칭 안 해?" 그 순간 할 말을 잃었다. 마이클이 말하기를 우리처럼 초기 단계의 스타트업은 신규 서비스를 론칭할 때 꼼꼼하게 모든 것을 다 따져 가며 진행할 필요가 없다고 했다. 최대한 많은 서비스를 빨리 론칭하고, 수요가 올라가기 시작하면 재빨리 공급 사이드를 채우는 고민을 시작하면 된다고 했다. 그 말을 듣고 원래 하려고 했던 홈서비스뿐만 아니라 이벤트 플래닝, 비즈니스까지 카테고리 세 개를 더 만들었다. 우리가 할 수만 있다면, 그냥 하면 되는 일이었다.

서비스 카테고리를 한꺼번에 여러 개 늘렸다가 공급이 부족해 이용자의 불만을 살 수도 있을 텐데.

사람들이 이 서비스를 진짜 필요로 하는지 아는 게 훨씬 중요하다는 게 마이클의 생각이다. 서비스 하나를 제대로 준비하려면 시간과 돈이 많이 든다. 그럼 론칭이 늦어지고, 사람들의 선호도를 파악할 수 없다. 꼼꼼한 준비도 물론 필요하다. 하지만 마이클은 이렇게 강조했다. "여러 서비스에 대해 수요자를 모으고, 고수를 유입하고, 피드백을 듣고, 동시에 다 해라."

서비스 카테고리가 하나밖에 없는 상황에서 다양한 분야의 전문가들을 어떻게 모았나?

네이버 온라인 광고, 페이스북 마케팅을 열심히 했다. 그즈음 세일즈 팀도 만들어서 고수들을 많이 영입했다.

피드백을 얻는 과정에 대한 조언도 있었나?

고객들과 계속 만나서 서비스에 대한 생각을 물었다. YC는 프로덕트 마켓 핏product market fit[16] 이전 단계라면 작고 유연한 조직을 유지하라고 한다. 스케일이 크지 않아도 괜찮다는 뜻이다. 스무디를 만들어 팔았던 창업자도 직접 고객들의 대문을 두들겨 가면서 팔았다고 한다. 제품과 서비스의 효용을 검증하는 방법에는 왕도가 없다. 가능한 모든 수단을 동원해야 한다.

YC 파트너들이 초기 스타트업에게 "제품을 진정 사랑하는 첫 10명, 100명의 고객을 찾아야 한다"는 말을 자주 한다고 들었다.

맞다. 나도 많이 들었다. 숨고는 YC에 들어가기 전부터 첫 이용자들에게 계속 피드백을 받아 왔다. 고수분들과도 한 달마다 컨퍼런스를 준비해 대화를 나눴다. 론칭은 시작일 뿐이다. 10만 명, 100만 명이 좋아하는 서비스가 되려면 첫 고객들에게 지침이랄까, 안내guidance를 받아야 한다. 그분들이 좋아하면 자주 사용할 것이고, 주변 사람들에게 추천할 것이다.

데모데이 준비 과정에서도 파트너들의 조언으로 많은 부분이 바뀐다던데.

피치 시간이 짧으니까 숨고의 서비스에 대해서만 집중하려고 했다. 그런데 마이클은 별로 안 좋아했다. "너희 숨고 시작하기 전에도 청소 도우미 모델로 온디맨드 서비스했잖아. 그 얘기 왜 안 해?" 이전 창업에서 힘든 점을 느껴서 사업 방향을 튼 거니까 약점을 부각하는 일 같다고 대답했더니 "그건 약점이 아니라 강점이야. 그만큼 너희가 온디맨드에 확신이 있다는 거잖아"라고 하더라. 그 말을 듣고 숨고의 시작점부터 버전을 몇 개나 만들어서 검사를 받았다. 일주일 내내 파트너들 앞에서 연습하고, 의견 듣고, 짧게도 만들어 보고, 길게도 만들어 보고.

YC WINTER 2017 데모데이 발표 장면

데모데이 결과는 어땠나?

데모데이 후 VC들의 연락을 그렇게 많이 받지는 않았다. 총 투자 금액은 공개하기 어렵다.

YC에서 뭘 얻었나?

YC가 데모데이에 무조건 매력적인 상향 그래프를 보여야 한 다고 스타트업들을 부추긴다는 것은 일종의 오해다. 매력적인 그래프는 노력의 자연스러운 결과물이다. YC에 있는 동안 마 이클, 아도라에게 받았던 조언을 돌이켜 보면 모두 지속 가능 성에 관한 것이었다. 고객 유입 비용acquisition cost을 줄이고, 기존 고객 유지 비율retention을 높이라는 것. 이 배움이 가장 값졌다.

스타트업처럼 성장하는 회사, YC

폴 그레이엄, 샘 알트먼도 만나 봤나?

우리 배치에서 폴 그레이엄은 YC에 매일 오진 않았던 것 같다. 샘 알트먼은 많이 봤다. 거의 항상 누구랑 대화하고 있었다. 나도 몇 번 얘기해 봤는데, 샘은 집중력이 높아서 같이 대화하고 있으면 매우 진지한 표정이 된다.

마이클 세이벨을 포함해 세 명의 전·현직 CEO가 비즈니스 관점에서 고수하는 철학이 뭔가?

빨리 론칭하라, 고객들과 대화하라, 너희 제품에 어떤 문제가 있는지 확인하라, 어떻게 해야 사람들이 원하는 제품이 될 수 있는지 방법을 찾아라. 스타트업 운영 철학은 셋 다 비슷하지만 전달 방식은 각자 다르다. 개인적으로 마이클 방식이 좋았다. 나를, 나의 생각을 가장 집중하게 만들었다. 싫으면 싫다, 좋으면 좋다, 마이클과 만나면 항상 혼나고 나오는 느낌이 들었다.

수장에 따라 YC 분위기도 많이 달랐겠다.

초기에 폴 그레이엄이 운영했을 때는 네트워크가 진짜 강했다고 하더라. 결혼식 때 서로 들러리도 서고. 샘 알트먼 시기를 지나 이제 마이클 세이벨이 CEO를 맡고 있는데, 본격적으로 규모를 키우고 있다. 그러다 보니 같은 배치에 들어온 창업자들과 개인적으로 관계를 맺고 친해질 기회가 적어진 것 같다.

YC가 이제는 스타트업 추천도 받는다고 한다. 진입 장벽이 조금씩 낮아지는 것 같다.

YC의 비전에 큰 도움이라고 생각한다. 나이, 인종, 성차별 없이 좋은 창업 아이템만 있으면 다 오라는 뜻이라고 받아들인다. 원래 기회가 많지 않았던 좋은 팀들을 불러 모으는 쪽으로 변하고 있는 것 같다. 10년간 YC의 사이즈가 커지고 있다. 2018년에는 한 배치에 140개 팀을 선발했다. 좋은 팀을 모아서 다음 구글을 찾아야 하는데, 미국에서만 모으면 부족하다. 미국에서도 남자들, 또 미국 남자 중에서도 백인들만 모으면 확률적으로 대단한 사람들을 YC 안으로 불러들일 수 없다. 이제는 장벽을 깨야 한다. YC도 펀드 비즈니스다. 리턴을 고려해야 한다.

내가 생각하는 YC는 스타트업들의 가치를 키우려고 노력하는 '회사'다. 액셀러레이터는 가치를 만드는 스타트업을 키우고, 스타트업은 직접 가치 있는 존재가 되려고 한다. YC는 그 두 가지를 다 한다. 액셀러레이터로 시작했지만 지금은 비전을 넓히고 있다. 스타트업 스쿨 프로그램도 생겼고, 샘 알트먼은 일론 머스크Elon Musk와 함께 오픈AIOpenAI[17]를 설립했다. YC를 하나로 정의 내릴 수는 없다. YC가 스타트업을 성장시키고 있지만 YC 역시 하나의 스타트업처럼 성장해 왔다.

'스타트업계의 하버드'라는 표현에 동의하나?

다른 액셀러레이터보다 좋은 네트워크를 갖고 있다는 점은 확실하다. 왓츠앱, 에어비앤비, 페이스북, 애플. YC가 필요하다고 요청하면 이런 회사의 창업자들이 기꺼이 와준다. 하지만 네트워크 파워가 YC의 전부라고는 생각하지 않는다. 초기 단계에서 투자자들이 "YC 출신이라고?" 하면서 한번 주목할 수는 있지만, 어딜 나오든 좋은 아이템으로 사업을 잘하는 게 결국 승패를 가른다. 하버드를 나왔어도 일을 안 하면 아무것도 되지 않는다.

<u>일단 YC를 벗어나면 네트워크 파워는 그렇게 중요하
지 않다는 뜻인가?</u>

YC에서 항상 강조하는 것 중 하나가 '은혜를 갚는 것'이다. 창
업자들을 동등하게 대한다는 것은 YC 동료들에게 도움을 받
고, 나중에 다시 도움을 주라는 뜻이다. YC에 입성했던 회사
들을 한곳에 올려놓고 과거부터 현재까지 모든 배치에 걸쳐
네트워킹할 수 있도록 연결해 주는 북페이스를 보면, 이 철학
은 사실이다. 한 다리 건너 우버Uber의 누군가를 소개받고자 한
다면 북페이스를 쓰면 된다. YC의 페이스북이다. 검증을 거친
좋은 인재를 팀에 영입하고 싶을 때도 북페이스를 쓰면 된다.
YC의 링크드인Linkedin이다. 미국에서 쓴 모니터를 되팔고 싶을
때도 북페이스를 쓰면 된다. YC의 크레이그스리스트Craigslist다.

<u>YC에서의 3개월 후, 회사와 본인에게 가장 큰 변화가
있었다면.</u>

집중. 사업을 확장할 때는 비즈니스만, 돈이 필요할 때는 펀드
레이징만 집중하자는 것이다. 섞어서 안 한다.

한국의 스타트업 창업자, 창업을 계획하는 분들에게 YC를 추천하나?

꼭 들어가야 한다, 이런 건 없다. 꼭 뭘 할 필요는 없다. 하지만 들어가면 도움이 된다. 숨고의 공동 창업자 세 명 중 내가 YC의 가치와 효용에 가장 회의적이었다. '좋아 봤자 얼마나 좋겠어' 하고 생각했다. 그런데 3개월 동안 다른 곳에서는 만날 수 없었을 사람들이 바글바글 모여 있는 리그에 던져졌고, 특별한 경험을 얻었다. 이 책을 읽으면서 그 코어 콘셉트를 같이 느껴 줬으면 좋겠다. 그것도 큰 도움이 될 것이라고 생각한다.

안정적인 직장에 취업을 원하는 사람이 많다. 그들에게 해주고 싶은 말이 있다면.

그런 분들에게 다양한 선택지를 드리기 위해 숨고를 하고 있다. 더 많은 옵션이 생겨야 여러 기회를 살펴볼 수 있다. 과거에 이베이eBay가 처음 나왔을 때 인터넷으로 모르는 사람에게 물건을 팔아서 돈을 번다는 것이 정말 신세계였다. 회사를 그만두고 이베이 거래만 하면서 비즈니스를 만든 사람도 많았다. 요새 에어비앤비도 마찬가지다. 마켓 플레이스가 있는 비즈니스는 사람들에게 선택지를 제공한다. 호텔이든 남의 집이든 내가 직접 선택할 수 있는 옵션을 준다. 직업 선택 역시 마찬가지다. 대기업 취업이 나쁘다는 얘기가 아니다. 여러 옵션을 제공한 뒤 선택할 수 있도록 해야 한다. 그것이 우리의 역할이라고 생각한다.

심플 해빗(Simple Habit)

2016년 6월 설립됐다. 검증된 명상 전문가들이 5분에서 20분 사이의 짧은 명상 콘텐츠를 만들어 올리는 앱 플랫폼이다. 출시 직후 2017 구글 플레이 베스트 앱, 애플 앱스토어 명상 분야에서 1위를 차지했다. 2017년 1월 YC를 경험했다. 2017년 4월 NEA(New Enterprise Associates), 파운데이션 캐피털, 드롭박스 창업자인 드류 휴스턴(Drew Houston) 등으로부터 27억 원을 투자받았다. 2017년 8월 매출액 100만 달러(11억 원)를 돌파했다. 2018년 현재 1000개가 넘는 명상 콘텐츠를 제공하고 있다.

고객과 대화하라 ;

김윤하 심플 해빗 대표

100억 달러의 가치가 있는 서비스

<u>심플 해빗은 '명상계의 넷플릭스'를 표방한다. 어떤 의</u>
<u>미인가?</u>

최근 일상 속에서 짧은 휴식을 주는 명상이나 요가 콘텐츠가
늘고 있다. 자신만의 명상 방법이나 요가 동작을 공유하려는
전문가들도 증가하고 있는데, 현실적인 어려움이 많다. 이용
자에게 명상 콘텐츠를 보여 주려면 웹사이트나 앱을 만들어
야 하고 오디오 콘텐츠도 넣어야 한다. 그러지 말고 콘텐츠
제작에만 신경을 쓰면 나머지는 우리 플랫폼이 다 알아서 해
주겠다는 것이다. 심플 해빗Simple Habit은 세계 최고 수준의 명
상 콘텐츠를 한곳에 모았다. 숙면을 취하고 싶을 때, 연인과
헤어졌을 때, 통학할 때 등 1000개가 넘는 명상 세션이 있다.
이용자는 자신의 상황과 분위기에 맞는 것을 골라서 이용할
수 있다. 명상계의 넷플릭스Netflix, 스포티파이Spotify인 이유다.

<u>원래 사회적 가치나 정신 건강에 관심이 많았나?</u>

2013년에 '로켓Locket'이란 스타트업을 창업했다. 누구나 그렇
겠지만 첫 창업이다 보니 스트레스를 많이 받아서 자연스럽

게 정신 건강에 관심이 생겼다. 스마트폰 잠금 화면 광고 앱을 만들었는데 매출이 안 나왔다. 한번은 샤워를 하면서 곰곰이 생각해 보니, 그동안 회사가 수천만 원을 썼더라. 매출이 없는 상태에서 돈이 빨리 소진되니까 정말 힘들었다. 제대로 잠도 자기 어려웠다. 그때 명상을 하면서 도움이 많이 됐다. 어떨 때는 하루 여덟 번씩 명상하기도 했다. 명상에 푹 빠져 창업까지 하게 됐다.

그럼, 로켓은 결국 매출이 저조해서 접은 건가?

매출 문제는 아니었다. 아침에 일어나서 '오늘 나는 누군가의 삶을 바꿀 거야!' 하는 목적의식을 잃었다. 로켓을 시작한 이유는 도움이 필요한 사람들에게 희망을 주기 위해서였다. 스마트폰 잠금 화면에 광고를 띄우고 이용자가 광고를 보면 돈을 적립해 줬는데, 그 돈을 좋은 일에 기부하도록 유도했다. 그런데 나중에 잠금 화면에 뉴스를 띄우는 서비스로 비즈니스 모델을 바꾸면서 비전이 흔들렸다. 나는 매출을 올리고, 돈을 벌고, 부자가 되는 것으로는 동기 부여가 잘 안 되는 스타일이라는 것을 깨달았다. 2015년에 모바일 커머스 '위시 Wish'에 매각했다.

YC에는 어떻게 들어갔나?

로켓 매각 이후 스탠퍼드 경영대학원MBA에 들어갔다. 학교를 다니면서 사이드 프로젝트처럼 심플 해빗을 시작했다. 그때 명상 강사들을 많이 만났다. 하나같이 홍보 채널이 부족하다는 얘기를 했다. 점점 많은 강사들의 콘텐츠가 우리 플랫폼 안으로 들어왔다. 사업이 잘되니까 YC 경험이 있는 친구들이 YC에 지원해 보라고 추천했다. "그런 데가 있어?" 하고 하루 만에 결정했다. 어려운 결정은 아니었다.

경험자들에게 면접 요령이나 노하우를 들을 수 있었겠다.

친구들이 인터뷰 질문이 어렵다고 엄청 겁을 줬다. 인터넷에서 찾아봤더니 정말 그런 후기가 많았다. 나는 어떤 질문이 나오든 우리 회사의 강점으로 답변해야겠다는 전략을 세웠다. 실제로 면접에서 면접관들이 왜 명상 앱을 시작했냐고 물어봤다. 로켓 얘기로 시작했지만 결국은 "심플 해빗은 100억 달러의 가치가 있는 서비스"라고 대답했다. YC의 중요한 가르침 중 하나가 무슨 얘기를 하더라도 포인트가 있어야 한다는 것이다. 데모데이 피치 때도 "9개월 만에 매출 6억 원을 올렸고, 다달이 15퍼센트씩 성장하고 있다. 명상 시장은 100억 달러

짜리 마켓이다. 심플 해빗은 성장률이 높다"는 것을 강조했다.

실제로 질문이 어렵던가?

야후의 첫 번째 직원이었던 팀 브래디, 소셜 미디어 업체 앱닷넷App.net의 CEO 달튼 콜드웰Dalton Caldwell을 포함해서 네 명이 면접관 자리에 앉아 있었는데, 면접이 그렇게 어렵지는 않았다. 긍정적인 반응이 더 많았다.

구체적으로 어떤 대목에서 파트너들이 긍정적인 반응을 보였나?

경쟁 업체인 헤드스페이스Headspace와 우리가 무엇이 다르냐고 묻더라. 굉장히 쉬운 질문이었다. "헤드스페이스는 명상 강사가 한 명이 있는데 그분이 창업자다. 심플 해빗은 플랫폼이다"라고 답했다. 면접이 끝난 뒤에 추가 질문이 있을 수 있으니 밖에서 잠깐 기다리라고 했다. 갑자기 면접관 한 명이 나오더니 묻더라. "합격하면 스탠퍼드 MBA를 그만둬야 하는데, 할 수 있겠어?" 깜짝 놀랐다. 그만둘 것 같다고 답했다.

충동적인 답변은 아니었나?

비록 사이드 프로젝트처럼 시작한 사업이지만, 학업과 병행하면서 부담이 있었다. 스탠퍼드에서 걸어서 15분 거리에 심플 해빗 사무실이 있었다. 사무실이 가까워도 사업에 온전히 집중할 수가 없었다. 하루는 결제 시스템에 큰 버그가 생겨서 고객들이 돈을 내지 못하고 있었다. 하루에 몇백만 원씩 벌던 때였는데, 수업을 듣느라 당장 사무실로 달려갈 수 없었다. 내 목표는 사람들의 삶의 질을 높이는 일이지 학교에서 계속 공부하는 것이 아니었다. 그런데도 아침, 점심으로 학교에 갔다가 저녁에 돌아와서 일하는 생활을 반복했다. 그때는 스트레스를 많이 받았다.

파트너들이 뭐라고 하면서 합격 소식을 알리던가?

택시 안에서 전화를 받았다. 달튼이 담백하게 말하더라. "합격했다. 들어올 거냐?" 그때는 잘 몰랐는데 지금 생각해 보니 정말 기분 좋았던 것 같다. 나는 심플 해빗 일이 진심으로 즐거웠다. 대학을 졸업하고 월스트리트 투자 은행에서 일할 때는 하루하루가 괴로웠다. 회사를 다니는 목적을 모르겠더라. 직장 생활을 때려치우고 의과 대학에 갈 생각까지 해봤다. 똑같이 하루 20시간을 일해야 한다면, 차라리 사람들의 삶을 윤택하게 해주는 일이 낫겠다 싶었다. 첫 창업에서도 의미를 찾지 못하고, 스탠퍼드에 와서도 크게 달라지지 않으니 답답함을 느끼고 있었다. 심플 해빗은 온전히 나로서, 내 인생에 전념할 수 있게 해줬다.

은행 근무 경험이 스타트업 경영에 도움이 됐나?

파이낸스finance 부분에서 도움이 됐다. 특히 회계가 그렇다. 그러나 역시 가장 도움이 된 것은 '일을 열심히 하는 것'이다. 월가에 있을 때는 매일 아침 9시부터 밤 12시까지 일했다. 스타트업 일이 많이 힘든데, 그때 트레이닝이 잘된 것 같다.

김윤하 대표

제품은 바꿀 수 있지만 사람은 바꿀 수 없다

<u>YC에서의 첫날이 궁금하다.</u>

YC의 분위기는 전체적으로 드라이하다. 듀크대학교나 스탠퍼드 대학원에 입학하면 신입생 환영회 같은 행사가 열린다. "Oh! congratulation! You are the one person of Stanford!" 이러면서 무척 반갑게 맞아 준다. YC는 절대 그렇게 안 한다. "너희가 잘나서 합격했다고 생각하겠지만, 결국 너희 중 90퍼센트는 죽을 것이다"라고 한다. 현실적이다.

<u>결국 90퍼센트가 망할 사업이라면 대체 뭘 보고 선발하는 건가?</u>

사람 자체를 가장 많이 고려하는 것 같다. YC를 졸업한 지 1년이 지난 시점에서 우리 배치에 있었던 스타트업들을 보면 이미 망한 곳이 많다. 그래서 가장 중요한 것이 사람이다. YC는 창업자의 과거 이력까지 살펴본다. 비전과 제품은 바꿀 수 있지만 사람은 바꿀 수 없기 때문이다. 스타트업이 성공하기 위해서는 뭐가 하나 안 됐다고 그만두는 것이 아니라, '어떻게든 가보자' 하고 밀어붙이는 끈기가 필요하다. '할 수 있다'

는 정신 같은 것이다.

> YC도 결국은 펀드 비즈니스다. 회사도 잘 안 되고 전망도 불투명한데, 무조건 열심히 한다고 마냥 좋게 보지는 않을 것 같은데.

그렇다. 하지만 끈기가 있는 사람들은 다른 회사를 또 창업하거나, 다른 아이템으로 YC 문을 다시 두드린다. 끈기가 없는 사람들은 한번 해봤다가 안 되면 "다시 페이스북 들어가야지" 한다.

> 끈기 있게 달라붙어서 만들어 낸 사업 아이템이 YC가 보기에 허술하다면? 그래도 도전 정신 자체를 높이 쳐주나?

결국 시드 스테이지seed stage는 창업자 자신이다. 초기 투자를 결정짓는 첫 단추는 창업자 스스로 꿰어야 한다. 아이템에 대한 평가는 YC가 아니라 본인이 내리는 것이다. 유제품 사업을 들고 와도 트랙션, 즉 얼마나 수익을 냈는지, 얼마나 빨리 성장했는지, 성장 가능성이 얼마나 되는지 발표하면 된다. 소젖을 짜서 우유 만들겠다고만 말하면 스스로도 납득할 수 없을 것이다.

심플 해빗은 어땠나? 시드 스테이지가 성공적이었다고 평가하나?

YC는 데모데이가 끝나고 나서 투자 유치를 하라고 하는데, 우리는 데모데이를 하기 1~2주 전에 이미 투자 유치를 끝냈다.

투자 유치를 왜 프로그램이 종료된 뒤에 하라고 하나?

VC들을 만나면 시간을 많이 쓰게 된다. 또 그분들이 오퍼레이터도 아닌데 이래라저래라 하는 얘기를 들으면 마음도 복잡해지니까 그러는 것 같다. 우리도 YC 기간 동안은 안 만났다. 끝나기 직전에 만나서 바로 투자 유치를 했다.

면접도 그렇고 투자 유치도 그렇고 속전속결로 좋은 결과를 냈다. 성장세는 어떤가?

운 좋게도 론칭 1년도 안 돼서 '2017 구글 플레이 베스트 앱'에 선정됐고, 애플 앱스토어 명상 분야에서도 1위를 했다. 작년에는 실리콘밸리의 명상 콘퍼런스 위즈덤 2.0의 스폰서를 맡았다.

빨리 성장하고 자리를 잡은 것 같다.

심플 해빗은 빠른 속도로 피드백과 개선이 이어진다. 2주마다 한 번씩 피처feature를 출시하거나 업데이트하고, 일주일마다 명상 콘텐츠를 업로드한다. 페이스북을 보면 프로필 수정, 이벤트, 과거의 오늘, 생일 알림 등 설정 카테고리에 피드들이 생성되지 않나. 그 하나하나를 피처라고 한다. 그러다 보니 어떤 피처가 잘되고, 어떤 피처가 안되는지 빨리 알 수 있다. 무조건 완벽하게 만들려고 하지 않는다. 아이디어가 있으면 먼저 론칭한다. 실험적으로 뛰어들고 성장 잠재성이 판별되면 깊게 들어간다.

투스데이 디너에서 기억에 남는 연사는 없었나?

아쉽게도 강연을 듣고 인생이 바뀌었다, 이런 경험을 못 해봤다. 지금도 그렇지만 당시 심플 해빗은 어린 회사였다. 잠도 못 잘 만큼 바빴다. 에어비앤비 창업자가 와서 강연할 때도 나는 일을 했다. 너무 좋은 기회였는데, 지금 생각하면 좀 후회된다.

강력한 네트워크라는 YC의 이점을 충분히 활용하지 못
했는데 아쉽지는 않은가?

대신 오피스 아워의 멘토 신청을 많이 활용했다. 특정 직군의
전문가들이나 우리가 하려는 일을 실제로 해봤고 성공이든
실패든 진짜 경험이 있는 사람들에게 조언을 구했다. 홈조이
의 아도라 청에게 오피스 아워를 신청해서 만났던 기억이 생
생하다. 홈조이가 망한 이유는 신규 고객을 늘리기 위해 무리
하게 비싼 배우를 광고 모델로 내세웠기 때문이다. 결국 광고
비를 감당하지 못하고, 수익은 악화되고, 후속 투자를 못 받
아 실패했다. 심플 해빗도 고객을 직접 대하는 업종으로서 비
즈니스 모델링에 대한 조언을 듣고 싶었다.

아도라 청에게 배운 것들이 도움이 됐나?

물론이다. 요즘 하고 있는 고민이 하룻밤 만에도 취향이 바뀌
는 고객들을 어떻게 붙잡을 수 있을까 하는 점이다. 명상이란
소스는 좋지만 사업은 늘 힘들다. 여기에 대한 답을 알았으면
명상이 아니라 지구를 구하는 일을 하고 있었을지도 모른다.
(웃음) 아도라는 고객과 이야기를 나누라고 강조했다. 거의 대
부분의 창업자가 자기가 원하는 앱 서비스를 만든다. 론칭을

하고서는 "아무도 안 온다"고 한다. 그럴 때 YC가 하는 말이 "이용자와 대화하라Talk to your users"이다.

그 조언이 실제 업무에도 반영되고 있나?

팀원들에게 고객과 대화하라고 자주 강조한다. 심플 해빗은 고객의 반응을 민첩하게 읽어 내려고 한다. 이용자들의 앱 리뷰와 이메일을 꼼꼼하게 보면서 요즘 사람들이 원하는 걸 파악한다. 디자이너, 프로젝트 매니저 등 열 명의 직원들이 고객들과 수시로 얘기를 나눈다. 우리 고객 중에 농장에서 앉아서 명상을 하는 농부도 있고, 할아버지 할머니도 계신다. 자녀들을 대학에 보내고 우울증에 걸린 어머니도 있다. 시험 준비와 면접 준비를 위해 명상을 하는 학생도 있다. 자료 수집을 하지 않았다면 그런 고객들이 있는지 몰랐을 것이다. 고객들과의 대화를 통해 우리가 누구를 위해 이 앱을 만들고 있는지 더 잘 이해하게 된다. 내일도 프로젝트 매니저 두 명이 고객 인터뷰를 하러 간다.

같은 배치의 창업자들에게 자극을 받지는 않았나?

그룹 오피스 아워 때 둥그렇게 모여 앉아 한 주 동안 뭘 했는지, 어떤 결과가 나왔는지 공유했다. 심플 해빗은 2017년 겨울 배치 내에서 꽤 잘나가는 회사였다. 명상은 유행이기 때문에 어느 정도는 알아서 크는 부분이 있다. 아마 우리 회사의 존재가 매출이 안 나오거나 이용자가 빨리 안 느는 창업자들에게는 스트레스가 됐을 거다. 그런데 우리도 마찬가지로 스트레스를 받았다. YC 사무실 앞에 박스로 집을 지어서 거기서 먹고 자고 일하는 팀이 있었는데, 그 모습을 볼 때마다 스트레스와 자극을 동시에 받았다.

그런 모습을 본 뒤 심플 해빗도 그렇게까지 일했나?

우리는 다른 스타트업들과 느낌이 좀 다르다. 잘 쉬는 편이다. 주말에는 일을 안 한다. 지난 화요일에도 오후 4시에 다 같이 퇴근해서 술 마시러 갔다. 한 달에 한 번씩 팀 이벤트를 나간다. 방 탈출 게임도 하고 나무 공예도 한다. 팀원들을 서로 알아 가면서 피드백을 주고받는다. 자기 계발도 중요하게 생각한다. 3개월마다 한 번씩 리더십 향상, 피드백 주는 방법 등 주제를 골라서 코치를 초빙하고 하루 동안 교육을 받는다.

심플 해빗 팀 이벤트

잘하는 걸 보여 주면 된다

투자자로도 활동하는 톱 모델 타이라 뱅크스Tyra Banks에
게 메시지가 담긴 티셔츠를 받은 적이 있다고.

"나는 기업가야, 애송이야I'm an entrepreneur, bitch." 여성 기업가들
에게 용기를 북돋아 주려는 문구다. 타이라 뱅크스는 여성들
의 자신감을 고취시키는 활동에 열정적이다. 로켓을 운영할
때 투자자로 들어와 우리 회사의 성장을 견인해 주기도 했다.
사실 나랑은 스타일이 약간 다르다. 나는 "여자니까 잘할 수
있어!"라기보다 "잘하면 잘하는 걸 보여 주면 된다"는 생각
이 더 강하다. 잘하는 사람의 성별이 여성인 것뿐이다. 그렇

지만 여성 이슈에 대해서는 다양한 접근이 있다는 걸 인정한다. 누가 옳고 그르고의 문제가 아니다.

YC의 여성 창업자 비율은 어떤가?

2017년 여름 배치 통계를 보면 총 294명의 창업자 중 여성 창업자가 35명으로 12퍼센트였다. 내가 참여했던 겨울 배치도 비슷한 수준이다. YC에 있을 때 여성 창업자들을 여섯 명 정도 만났다. YC가 여성이라고 친밀하게 대한다거나, 특별히 어드밴티지advantage나 페널티penalty를 주지는 않는다. 다만 2014년부터 YC 여성 창업가 콘퍼런스Y Combinator's Female Founders Conference를 개최하고 여성들이 성공적으로 스타트업을 운영할 수 있도록 돕고 있다.

YC에서 젠더는 유의미한 차이가 아니라는 뜻인가?

생물학적으로 따라오는 문제들은 있다. 한 달에 한 번 생리를 하니까 예민해지는 면이 있다. 그래서 직원과 갑자기 관계가 안 좋아지기도 하고. 여자라서 불편한 점은 있지만 나쁜 점은 없다. 오히려 여성 창업자끼리 돈독하게 지낸다.

YC 기간 중에 업무적인 것 외에 마음을 터놓은 동료들도 만났나?

그 안에 있는 동안은 너무 힘들고 일도 많아서 서로를 인간적으로 알아 갈 시간이 부족했다. 이제는 속을 좀 터놓는 것 같다. 같이 힘들었던 시기를 보내지 않았나. 이제는 같이 만나서 포커도 치고, 보드게임도 한다. 일 얘기는 안 한다.

파트너들과의 관계는 어땠나?

팀 브래디는 무척 자유롭다. 용기를 북돋아 줬다. 반대로 엄격하게 대하는 파트너들도 있다고 들었는데, 나는 팀 브래디 같은 스타일과 잘 맞았다. 스타트업은 너무 힘들기 때문이다. 팀처럼 용기를 주면서 북돋아 주는 표현 방식이 필요한 것 같다. 심플 해빗의 기업 문화와도 잘 맞아서 더 좋았다.

3개월 동안 칭찬과 격려만 할 수는 없지 않나. 몰아붙이면 더 빨리 성장할 수 있는데, 오히려 독이 될 수도 있겠다.

파트너들이 세상의 모든 문제를 해결할 수 있는 능력을 갖추고 있다면 YC에서 파트너를 하고 있지 않을 것이다. 단지 경

험이 더 많다고 창업자들에게 쉽게 말하거나 막말하는 사람
은 없었다. 어리고 경험이 없어도 마크 저커버그 같은 천재 기
업가가 나올 수 있다. 사실 많은 회사가 그렇게 만들어진다.
쓴소리를 하는 파트너들도 가르친다기보다 도와주려는 것이
다. 나는 YC에서 3개월 동안 생활하면서 파트너들의 조언보
다도, 투스데이 디너 때 동기들과 저녁을 함께 먹으면서 위로
를 많이 받았다. 우리 그룹 내에서가 아니라면 다른 곳에서는
절대로 말할 수 없는 속사정을 공유하면서 창업이 얼마나 힘
든 일인지 새삼 느꼈다. 그리고 난 혼자가 아니구나 싶었다.

심리적인 위안 말고 파트너들에게 얻은 실질적인 도움
이 있다면.

파트너들은 여러 회사와 이야기를 하니까 내가 잘 모르는 분
야의 조언을 얻을 수 있었다. 난 항상 파트너들에게 특정 산업
의 현황을 알고 싶은데 혹시 자료가 있냐고 물어봤다.

보통은 파트너들에게 잘 보이려고 하거나, 그렇게까
지는 아니더라도 편하게 대하기는 어려워하지 않나?

YC에 들어가고 나서 파트너들에게 잘 보이려고 애쓰지 않았

다. 그분들도 우리 회사 투자자 아닌가. 우리 회사가 잘돼야 YC도 잘되는 거니까 굉장히 열린 마음으로 최대한 도움을 받으려고 했다.

스트레스가 가장 심했던 때는 언제인가?

데모데이를 준비할 때다. 스트레스를 정말 많이 받았다. 1분 1초가 회사의 투자 유치를 좌우한다. VC들 앞에서 너무 떨어서 준비한 피칭을 다 못 하고 내려오는 사람도 있었다. 사전에 스트레스 관리를 잘해야 했다. 나는 명상으로 관리했다. 아침마다 일어나서 5분씩 하고, 사무실에 마련한 명상 공간에서도 했다.

명상은 어떻게 했나?

당연히 우리 서비스를 이용했다. (웃음) 스트레스를 받을 때 우리 회사 제품을 이용할 수 있어서 너무 좋다.

데모데이 피치에서는 무엇을 가장 강조했나?

성장률이다. 모든 슬라이드를 그래프로 채웠다. 예전에는 폴 그레이엄이 미미박스에게 코칭을 해줬다고 하던데 이제는 그릴 수가 없다. 2~3년 사이에 스타트업이 너무 많아졌다. 파트너들에게 대략의 기준을 들은 다음, 스타트업 그룹끼리 피치를 연습했다.

다 <u>데모데이 이후 VC의 연락을 몇 군데나 받았나?</u>

셀 수 없을 정도로 많이 받았다. 나중에는 골라야 하는 상황이 왔다. 그중 열 명 정도를 만났다. 그만큼 YC의 힘이 대단한 것 같다.

<u>다시 YC 생활을 할 수 있다면 어떤 점을 바꾸고 싶나?</u>
<u>새롭게 도전하고 싶은 일이라거나.</u>

YC에 있는 동안 다른 스타트업들과 경쟁의식이 강했다. 업종이 달라도 데모데이에 앉아 있는 투자자들은 다 똑같으니까 100여 개의 스타트업들이 모두 경쟁자로 보였다. YC를 나와서 생각해 보니 가짜 경쟁심이었다. 누구는 잘하고 누구는 못하고 이런 비교를 자꾸 하니까 스트레스가 컸다. 하지만 다시 기회가 주어져도 똑같이 스트레스를 받을 것 같다. 사람은 잘 안 바뀐다. (웃음)

인류의 삶을 바꾸는 액셀러레이터

YC의 강점이 뭐라고 생각하나?

YC에 들어간다고 매출에 엄청난 도움이 되는 것은 아니다. 스탠퍼드에 들어갔다고 교수님 한 명이 학생의 인생을 바꿔 주지는 않지 않나. 다만 기초적인 조언을 종합해서 해주는 것, YC의 네트워크에 들어갔다는 사실 자체, 그리고 YC라는 브랜드를 장점으로 꼽고 싶다. 특히 파이낸싱을 도와주는 브랜딩 파워가 엄청나다. 스타트업계의 하버드라는 말에 굉장히 공감한다. 이렇게 잘하는 다른 액셀러레이터를 본 적이 없다.

YC가 최근 생명 과학 분야의 스타트업을 지원하는 바이오 프로그램을 발표했다. 사람들이 더 건강하고 오래 살 수 있는 기회를 주고 싶다는 취지에서다.

YC는 단순히 돈만 잘 버는 스타트업이 아니라 인류의 삶을 바꾸는 데 기여하는 스타트업을 찾는 것 같다. 이 점이 YC가 다른 액셀러레이터보다 훌륭한 이유라고 생각한다. 창업가들이 많아질수록 고용률이 올라가고, 창업가들이 좋은 서비스를 많이 만들수록 많은 사람들의 삶이 윤택해진다. 뿐만 아니라 그 회사가 채용한 직원들의 삶까지 좋아진다. YC가 기본 소득에 관심을 가지는 것도 이런 미션에 일조하는 하나의 방법이라고 생각한다.

심플 해빗의 미션과도 통하는 부분이 있나?

비슷한 부분이 많다. 우리 앱을 이용하는 분 중에는 나름의 걱정과 문제를 갖고 있는 분들이 많다. 암에 걸린 사람, 불면증이 있는 사람, 이혼의 상처가 있는 사람, 시험과 면접 낙방으로 힘든 시기를 보내고 있는 사람. 그들이 스트레스를 덜 받고 더 행복한 삶을 살 수 있도록 우리가 돕고 싶다.

스타트업을 경영하면서 어떤 점이 가장 중요하다고 생각하나?

사람이 정말 중요하다. 시작을 함께한 몇 명이 그 회사의 문화를 만든다. 그 사람들이 다음 직원들을 인터뷰하고 뽑게 된다. 우리는 한 포지션을 위해 석 달 동안 70명을 인터뷰했다. 포지션에 따라 다르지만 대략 다섯 명 정도가 인터뷰에 참여한다. 일을 잘하는 것뿐만 아니라 인성도 많이 보기 때문에 적임자를 찾기가 정말 힘들다.

좋은 팀원을 채용하려는 취지는 충분히 이해하지만, 채용이 그 정도까지 더디게 진행되면 오히려 회사 성장을 늦추지는 않나?

심플 해빗은 사람들의 인생을 도와주는 제품이다. 가정과 일터에서, 가깝고 먼 인간관계에서 상처받은 사람들을 안정시켜 주는 플랫폼이다. 심플 해빗의 미션에 열정적으로 동참해 주지 않으면 함께하기 힘들다. 요즘 명상이 유행이라서, 심플 해빗의 성장이 빨라서 함께하는 것도 현실적인 이유가 되겠지만, 모든 스타트업은 좋을 때가 있고 안 좋을 때가 있다. 안 좋을 때, 미션을 중심으로 모인 사람들이 회사를 단단하게 해준다.

그렇게 어렵게 만든 팀이니 실력이든 분위기든 정말 좋겠다.

우리와 매출이 비슷한 회사와 비교할 때, 우리는 팀원 수가 3분의 1 수준이다. 단순히 직원 수만 따질 것이 아니라 한 사람 한 사람의 잠재력을 어떻게 최대한 끌어올리느냐가 중요하다. 오히려 직원 수가 많아지면 천천히 성장할 수도 있다. 의사 결정자도 많아지고 회의도 많아진다. 작을 때가 가장 재밌고 빠르다. 물론 인원이 많지 않아서 모든 일을 다 하진 못하지만.

심플 해빗의 기업 문화를 정의하자면.

서로 도와주는 문화다. 성장하기 위해 모인 사람들이기 때문이다. 내가 기피하는 마인드세트mindset가 방어적인 태도다. 상대에게 발전할 만한 부분이 있다면 얘기해 주고 피드백을 주는것이 중요하다. 나도 1년 동안 정말 많이 성장했다. 여기서 일하는 모든 사람이 그런 성장을 경험하면 좋겠다. 우리 회사를떠나더라도 이곳에서 많이 배웠다는 생각을 해주면 좋겠다.

성공의 기회는 언제 온다고 보는가?

사실 나는 기회가 오는 것을 본 적이 없다. 기회는 만드는 것이다. 누가 와서 "심플 해빗 해볼래? 잘될 거야"라고 말하지않았다. 기회는 내가 찾아서 쟁취하는 것이다.

실패에 대한 두려움은 없나?

물론 있다. 그런데 매출을 낸 이후로는 실패할 수 있다는 생각을 많이 안 한다. 잘 안 되면 창피하겠다, 정도다. 만약 심플해빗이 망한다면 열심히 일했고, 좋은 팀원을 만났고, 좋은미션을 위해 일했다고 생각할 것이다. 후회는 없을 것 같다.

심플 해빗 팀원

명상 플랫폼을 운영하는 만큼 워라밸에 관심이 남다를 것 같다. 일과 삶의 밸런스를 잘 맞추고 있나?

스타트업이다 보니 밸런스를 맞추기가 쉽지 않다. 대신 좋아하는 일과 좋아하지 않는 일을 통합한다. 예를 들어 영수증 정리는 재미없지만 해야 하는 일이고 앱 디자인은 좋아하는 일이라면, 둘을 섞어서 하는 식이다. 집중이 잘되는 아침에는 재미있는 일을 하고 저녁 늦게는 재미없는 일을 한다. 일하지 않을 때는 휴대폰을 보지 않고 작심하고 논다. '아, 나 일해야 되는데' 이러면서도 노는 사람이 많지 않나. 그러면 스트레스를 받아서 놀아도 찝찝하다. 운동과 명상도 밸런스를 맞추는 데 도움이 된다.

<u>한국 여성 창업가들에게 하고 싶은 말이 있다면.</u>

한국에서 여성으로 회사를 꾸려 나간다는 것이 특히 대단하
다고 생각한다. 한국에 있는 우리 부모님만 해도 나를 이상하
게 본다. 하지만 여자든 남자든 성공적인 회사를 만들어 나가
는 일 자체에 의미가 있다. 그것에 초점을 맞추고 좌절하지 않
으면 좋겠다. 작은 일에 너무 힘들어하지 않으면 좋겠다. 그
리고 무엇보다 혼자가 아니라는 사실을 잊지 않으면 좋겠다.

미미박스(Memebox)

2012년 2월 설립됐다. 화장품을 정기 배송해 주는 서브스크립션 서비스로 시작해, 커머스와 커뮤니티, 브랜드 사업으로 확장했다. 2014년 1월 한국 기업 최초로 YC를 경험했다. 2014년 7월 포메이션 그룹의 구본응 대표와 굿워터 캐피털(Goodwater Capital)의 에릭킴(Eric Kim)으로부터 120억 원의 시리즈A 투자를 받았다. 2015년 야후 공동 창업자인 제리양(Jerry Yang), 디즈니와 갭의 CEO를 지낸 폴 프레슬러(Paul Pressler) 등으로부터 330억 원의 투자를 유치했다. 이듬해 글로벌 투자자로부터 1250억 원을 추가로 투자받아 총 투자 금액이 1700억 원에 달한다. 2018년 한국, 미국, 중국, 대만, 홍콩에 진출했으며, 전 세계 리테일 매장 3500곳 이상에서 제품을 판매하고 있다. 글로벌 사용자는 450만 명이다.

6   사람들이 원하는 것을 만들어라 ;

하형석 미미박스 대표

You should be in the valley

<u>미미박스의 근황을 들려 달라. 국내보다 해외에서 주로
활동하는 것 같다.</u>

2012년 창업 당시 다양한 화장품을 박스에 담아 정기적으로
보내 주는 서브스크립션 커머스subscription commerce로 시작을 했
다. 공동 창업자 김도인 이사와 나는 글로벌 스타트업이 되는
것을 사회적 미션으로 꿈꿨다. 미미박스Memebox를 통해 개인
적 성공을 하기보다, 진정한 글로벌화를 달성해 다른 스타트
업들에게 용기가 되고 싶었다. 그래서 2014년부터 4년을 투
자해서 해외로 확장했다. 당시 나는 미국으로, 김도인 이사는
중국으로 향했다. 전략적 본사는 한국에 있지만 해외에서 적
극적으로 사업을 진행하고 있다. 1년에 250일 정도 미국에 체
류한다. 올해는 매출의 60퍼센트가 해외에서 나올 전망이다.

<u>한국에서는 화장품을 온라인으로 판매하는 커머스 사
업을 벌이고 있다. 해외에서는 어떤가?</u>

한국, 중국, 미국, 대만, 홍콩에 진출해 있는데, 나라별로 역량
과 사정에 맞춰 로컬화를 했다. 미국은 커뮤니티 서비스와 데

이터 사업, 홍콩과 대만은 브랜드 사업(PB 사업), 중국은 커머스와 브랜드 사업이 기반이다.

미국 시장에서 커뮤니티 서비스에 집중하는 이유가 뭔가? 역시 아마존 때문인가?

그런 부분도 없지 않다. 다만 어떻게 하면 화장품을 더 잘 팔수 있을까 고민하다가 시장의 변화를 감지했다. 뷰티를 발견하는 방법이나 고객 경험 자체가 완전히 바뀌었다. 과거에는 사람들이 화장품 매장에 가서 제품을 봤는데, 요즘 젊은 사람들은 유튜브에서 영상을 보고 구입한다.

미국 액셀러레이터를 경험한 것이 해외 사업에 큰 도움이 됐겠다.

YC가 우리를 해외 사업에 나서지 않을 수 없는 구조로 만들었다. 미국 사업을 하는 데 있어 YC의 초기 문화가 회사를 키우는 데 많은 도움을 줬다.

글로벌 사업의 어려운 점이 있다면.

오히려 우리는 한국 사업을 더 어려워한다. (웃음) 한국 사람이고 한국말을 하는데도 왜 미국과 해외 사업의 성장성이 더 좋았을까, 자문해 보면 시장의 크기도 있겠지만 회사 간 파트너십이나 사업 개발 문화 측면에서 해외가 더 용이했던 것 같다. 그렇다고 해외 사업에 어려움이 없다는 뜻은 아니다. 국가별로 사업 기반을 다지는 데 돈이 어마어마하게 들어갔다. 미미박스는 1개 국가에서 기반을 갖추기 전에 해외로 진출했다. 한 번에 스타트업 다섯 개를 만든 셈이다. 초기에는 아무래도 언어와 문화에 대한 이해가 가장 어려웠다. 스타트업에서 한국어, 영어, 중국어, 세 언어를 사용할 때의 복잡성은 말로 다하기 힘들다. 서로 이해하는 데 들어가는 시간과 에너지가 몇 배나 된다. 그래서 향후 해외 확장도 국가가 아니라 언어 중심으로 생각하기로 했다. 해외로 빨리 나가 초기 성장은 더뎠지만, 몇 년 후부터는 글로벌 기반과 인적 다양성이 고속성장을 가져오리라 믿는다.

YC를 언제 처음 알았나?

2013년 7월 정부가 주최한 창업 대회에서 우리 회사가 대상을 받았다. 심사 위원으로 참여했던 케빈 헤일Kevin Hale이 YC 관계자였다. 우리한테 오더니 "You should be in the valley" 라고 하면서 YC 명함을 줬다. 그때는 YC가 뭔지도 몰랐다. 회사에 돌아와 명함을 어딘가 올려놨는데, 개발자가 보더니 그러더라. "여기 되게 대단한 곳인데 이 명함 어디서 받았어?"

대단한 곳이라 무작정 지원한 건가?

우승 상금으로 천만 원을 받았는데 여행 경비로만 사용이 가능했다. 딱히 갈 데도 없어서 실리콘밸리로 갔다. 2013년 9월 미국에 도착해서 케빈 헤일에게 연락했다. 특별한 계획도 없이 무작정 방문한 우리를 보자마자 케빈 헤일이 "여기 왜 왔어?"라고 물었다. 실리콘밸리 구경하러 왔다고 하니까 그러더라. "쓸데없는 짓 하지 말고 돌아가서 회사나 키워." 그러고는 만난 지 10분도 안 돼서 떠났다. 그 모습에 반했다. 저런 사람과 일할 수 있다면 뭐든 하겠다고 생각했다. 케빈 헤일한테 YC에 지원하겠다고 메일을 보내고 바로 준비를 시작했다.

지원할 때 어떤 점을 내세웠나?

지원서와 함께 1분짜리 동영상을 찍어서 제출했다. 당시 미미박스는 창업 2년이 지난 상황이었다. 약간의 투자만 받고 여기까지 왔고, 월 매출이 나오고 있고, 뷰티를 하고 있다고 얘기했다. 미미박스 전까지 YC가 뷰티 분야에 투자한 적이 없었다. 아마 뷰티에 흥미를 느낀 것 같다.

면접장 분위기가 궁금하다.

1차 심사에 합격하니까 한 사람당 1000달러 정도 경비를 지원해 주면서 11월에 마운틴 뷰에 있는 YC 사무실로 면접을 보러 오라고 했다. 면접은 정확히 10분이다. 우리는 핑크색 화장품 박스를 들고 갔는데, 다른 팀들은 다 멋있는 걸 들고 있었다. 로봇을 갖고 온 지원자도 있었다. 파트너 여섯 명이 있는 방에 나랑 엔지니어, 둘이 들어갔다. 폴 그레이엄과 지메일 개발자 폴 부크하이트가 보였다.

면접관의 명성에 주눅이 들어서 제대로 답하기도 어려웠겠다. 뭘 물어보던가?

첫 질문이 "화장품을 온라인으로 판매한다던데 아마존은 어떻게 하나?"였다. 첫 질문부터 대답을 잘 못했다. "우리는 뷰티에 보다 집중해서 큐레이션을 잘 할 거고……" 이런 말도 안 되는 답변을 했다. 반응이 안 좋았다. 표정이 변하더니 다음 질문으로 넘어갔다. 10분간 면접을 하고 나와서 떨어졌다 싶었는데, 면접 과정을 안내해 주던 분이 면접이 하나 더 있다고 잠깐 남으라고 했다. 원래는 한 번인데 두 번이 된 거다. 영문도 모르고 서너 시간 기다려서 두 번째 면접을 치렀는데, 그 면접도 망쳤다.

왜 미미박스만 두 번의 기회를 얻었을까?

2차 면접장에 들어가니까 면접관 중에 케빈 헤일이 있었다. 우리를 적극 추천했는데 제대로 못하니까 그 방으로 부른 것 같다. 그 면접에서 케빈 헤일이 엄청 도와줬다. "너희 이건 좀 괜찮잖아? 잘하잖아?" 이랬는데 우리가 그걸 못 받아먹었다. (웃음) 역시 망했다 하고는 방을 나오는데 케빈 헤일이 뛰어나왔다. 얘기해야 하는데 못한 게 뭐냐고 묻더라. 그 질문에도 답을 하지 못했다. 멍하게 있으니까 "손에 있는 거 다 줘봐. 내가 가져갈게" 그러더니 화장품 박스를 가지고 갔다. 우리 제품을 다른 파트너들에게 보여 준 것 같다.

합격 발표는 언제 받았나?

YC 사무실을 나와서 주변 카페로 갔다. 너무 허무하게 끝나서 숙소로 바로 돌아갈 수 없었다. 카페에 멍하니 앉아 '왜 이 대답을 못했을까', '이렇게 말했어야 했는데' 자책하고 있는데, 저녁 7시 반쯤 모르는 번호로 전화가 왔다. 폴 그레이엄이었다. "나 폴 그레이엄인데 우리가 투자하고 싶다. 이러이러한 조건이다. 수락할 거면 오늘 밤까지 연락 줘" 이러고 끊더라. 우리 둘이서 너무 신나서 대박이다, 대박이다, 계속 그랬다. (웃음)

미미박스의 합격 과정을 보면 면접에서의 답변이나 데이터는 큰 의미가 없어 보인다.

YC는 철저하게 팀을 선호하는 VC다. 진짜 팀만 본다. 데이터를 중시하는 회사지만 폴 그레이엄의 직감, 샘 알트먼의 직감을 믿는 것 같다. 그 둘을 통해 우리가 어떤 팀을 만들어야 할지 방향성을 설정할 수 있었다. 가능성 있는 인재를 찾고, 리더로 키우고, 매해 새로운 창업에 나서듯 새로운 고객 가치를 만들어 내려고 한다.

팀의 어떤 면을 중점적으로 평가하나? 팀 구성, 이력, 기술력, 인간관계 등 여러 요소가 있을 텐데.

솔직히 잘 모르겠다. 다만 우리는 인터뷰를 준비하면서 폴 그레이엄 영상만 3일 내내 봤다. 폴이 쓰는 단어, 지향하는 바를 전부 외워서 갔다. 우리 콘텐츠가 좋지는 않았을지 몰라도 그 사람을 이해하려고 노력했다. 폴이 growth라는 단어를 좋아하면 우리도 growth라는 단어를 쓰면서 닮아 가려고 했다. 지원할 때부터 YC의 문화를 받아들이려고 노력한 것이 인터뷰 합격의 비결이 아니었나 싶다.

결국 사람 문제라는 말인가?

사실 투자 유치도 그렇지 않나. 미미박스가 1500억 원 넘게 투자받았다고 기사에 나오지만, 수백 번의 미팅 중 하나가 투자의 물꼬를 텄다. 수많은 미팅 중에 우리를 좋아해 주는 사람, 우리를 믿어 주는 사람이 한 명이 있는 것이다. 똑같은 지표와 성장 그래프를 보여 주면서 똑같이 설명해도, 결국 앞에 있는 사람을 보고 누군가는 그래프가 올라갈 거라고 믿고 누군가는 내려갈 거라고 믿는다. YC에서도 그 차이였던 것 같다.

미미박스의 공동 창업자 두 명. 하형석 대표(오른쪽)와 김도인 이사

growth, growth, growth

2014년 1월 1일, 우여곡절 끝에 석 달간의 YC 생활이
시작됐다.

2013년 12월 31일에 직원 두 명, 인턴 한 명과 함께 출국했다.
미국 사업을 위해 꾸린 팀이었는데, 인턴은 면접 볼 때 미국
가는 데 관심이 있다고 해서 같이 가기로 했다. YC 프로그램
은 공동 창업자들만 참가할 수 있다. 그래서 오피스 아워 같은
정규 프로그램은 혼자 갔지만, 같이 갈 수 있는 자리는 최대한
같이 다녔다. YC 사무실에도 자주 같이 놀러 갔다.

그때 몇 개 팀이 선발됐나? 기억에 남는 팀이 있다면.

64개였다. 크게 성공한 회사가 많다. 자율 주행 기술을 개발하는 크루즈 오토메이션Cruise Automation이라는 팀은 2016년에 GM에 10억 달러에 인수됐다. 플렉스포트Flexport라는 팀도 기억에 남는다. 국제 화물의 통관 업무가 대단히 복잡한데 그걸 다 자동화했다.

인간적으로 가깝게 지낸 팀은 없었나?

없었다. 수요일마다 유명한 창업자들이 찾아와서 강연하는 네트워킹 행사가 있었는데, 우리는 두 번밖에 안 갔다. YC에 처음 들어가면 각자 나와서 회사 소개를 한다. 그때 내부 투표를 해서 어떤 회사가 유망해 보이는지 랭킹을 매기는데, 우리가 64개 팀 중 56위였다. 똑똑한 사람도 많았고, 우리는 영어도 잘못했고…… 여러모로 위축되어 있으니까 최하위권이 나왔다. 정말 충격이었다. 56위에서 벗어나기 위해 그때부터 주 7일제를 시작했다. 매일 새벽 3시까지 일하고 아침 8시에 나왔다.

최상위 집단에서 56위면 그렇게 낮은 등수도 아니지 않나? YC의 문턱을 넘지 못한 스타트업도 많은데.

그 무렵 한국에서 YC에 한국 회사가 있다는 것이 화제가 되었다. 폴 그레이엄도 한국 회사가 처음 들어왔다는 얘기를 트위터에 올렸다. 임정욱 센터장님도 "그 한국 회사가 어디일까?"라고 올리셨고. 나중에 미미박스라고 알려지자 사람들이 약간 의아해했다. 화장품? 왜? 기술 스타트업도 아닌데? 우리 내부적으로 이대로는 창피해서 한국에 못 돌아간다고 그랬다.

하루 18시간 이상 일했다. 창업자라면 몰라도 팀원들은 불만이 많았겠다.

처음에는 다들 한국에 돌아가고 싶어 했다. 그러다 나중에는 우리 마음에 코리아라는, 애국심이 크게 자리 잡았다. 죽어도 이걸 해내야 한다는 사명감이 생겼다. 미국 서비스도 일주일 만에 만들었다. 1월 10일 첫 오피스 아워에서 폴 부크하이트가 미국 사이트를 만들라고 했다. 우리 엔지니어가 2주 걸린다고 하니까 "아냐, 일주일 만에 만들 수 있어" 그러더라. 지메일 만든 분이 그러니까 엔지니어가 아무 말 못하더라. (웃음)

YC에서 무엇을 배웠나?

YC가 강조한 것은 딱 하나다. 성장. growth라는 단어 하나. 그 외에는 강조한 것이 없다.

YC가 제시한 성장률은 얼마였나?

매출 기준으로 주간 5퍼센트 이상이었다. 처음에 파트너들과 창업자들이 회사의 성공 지표를 논의해서 정한다. 엔터프라이즈 소프트웨어라면 클라이언트 수, 커뮤니티 서비스라면 월간 순 이용자MAU나 재방문자 수다. 에어비앤비는 초기에는 호스트 수였다가 성장하면서 게스트 수로 바뀌었다고 들었다. 매주 1회 세 명의 파트너에게 성장률을 보고했다. 회사마다 적합한 파트너들이 배치되는데, 우리는 케빈 헤일, 폴 부크하이트, 커스티 나투Kirsty Nathoo(YC의 CFO)였다.

목표 성장률을 달성했나?

당시 우리의 주간 성장률이 정확히 기억나지 않지만, YC에 있던 12주 동안 월간 성장률이 66퍼센트였다.

단기간에 놀라운 성장을 가능하게 한 원동력은 무엇이었나? YC 파트너들의 조언인가?

YC 파트너들은 만나자마자 인사도 안 하고 바로 지난주 성장률을 물어본다. 5퍼센트라고 하면 왜 그거밖에 안 되냐고 이유를 묻고는 돌아가서 할 일 하라고 한다. 10퍼센트라고 하면 돌아가서 하던 거 그대로 하라고 한다. 3퍼센트라고 하면 이유를 묻고는 결국에는 더 열심히 하라고 한다. YC가 하는 일의 전부다.

구체적인 지침을 주거나 해법을 제시하지는 않나?

그러지 않는다. 창업자의 머리에 성장이라는 단어가 꽂힐 때까지 그것만 집요하게 물어본다. 사실 남의 회사를 어떻게 10분 만에 이해하겠나. 그런데 누군가가 "이번 주에 정말 중요한 우선순위대로 일하고 있나요?"라는 질문을 매주 반복해서 던지면, 자연스럽게 그 생각을 하게 된다. 아, 맞아. 오늘 이걸 안 했어도 됐는데, 저걸 덜했어도 됐는데. 이러한 자기 깨우침을 통해 성장을 독려한다.

성장하고 싶지 않은 창업자가 어디 있을까. 너무 뻔한 조언 아닌가?

회사가 커나가면서 문제 해결에 집중력을 잃는 경우가 발생한다. 데이터로 보면 하면 안 되는 일인데 필요하다고 느끼게 된다. 예컨대 성장을 위해 홍보 기사가 필요하지 않지만, 다들하니까 우리도 해야 하나 싶어진다. 직원이 100명을 넘으면 왠지 법무 팀도 있어야 한다는 생각이 든다. 자꾸 눈을 돌리게 된다. 그러나 스타트업은 문제 해결을 위해 존재한다. YC는 어떤 문제를 해결할 것인지, 그것이 사람들이 원하는 문제인지를 묻는다. 그런 문제가 해결되면 성장이 생기고, 성장이 커지면 스타트업이 성공한다는 것이 YC의 철학이다.

3개월간 무엇이 가장 힘들었나?

우리는 그때를 제일 재미있던 순간으로 꼽는다. 미미박스가 성장에 가장 집중했던 때였다. 에어비앤비로 구한 원룸에서 네 명이 같이 살았다. 토요일 오후 1시부터 5시까지의 자유시간을 제외하고는 성장에만 몰두했다. 첫째 주에 너무 힘들고, 둘째 주에 너무 힘들고, 셋째 주에 너무 힘들었는데, 갑자기 넷째 주부터 성장하기 시작했다. 그걸 보니까 정말 마약 같더라. 나는 이제 집에 가고 싶은데 다들 자꾸 뭔가를 했다. "조금만 더 하면 더 올라갈 것 같아요" 이러면서 계속하는 거다.

그래도 힘든 기억이 하나쯤은 있을 텐데.

진짜 없다. 오히려 지금이 더 힘든 것 같다. (웃음) 그때는 정말 짜릿했다. 너무 즐거웠다. 3개월 동안 누군가가 우리에게 성장만을 얘기했을 때의 짜릿함은 아직도 잊을 수가 없다. 엄청난 압박이 그 기간 동안 사람을 아예 바꿔 버린 것이다. 그런 경험이 두 가지가 있는데, 하나는 군대고 다른 하나가 YC였다.

YC 앞에서 촬영. 티셔츠에 "Make something people want"라는 문구가 적혀 있다.

코딩하는 예술가, 폴 그레이엄

미미박스는 폴 그레이엄의 마지막 배치다. 직접 만나 보니 어떻던가?

폴 그레이엄은 엔지니어 출신이지만 내가 만난 사람 중에 가장 예술가적인 사람이다. 엄청난 스토리텔러다. 스타트업은 돈을 잘 벌어야 돼, 이런 얘기를 안 한다. 입학식 때 마이크를 잡더니 세 가지를 강조했다. 첫째, 가정이 가장 중요하다. 둘째가 운동이고, 셋째가 일인데, 일 중에서 콘퍼런스 다니는 것, 기사에 나오게 하는 것은 하나도 안 중요하다. 회사보다 가족이 중요하니까 잘 챙겨라. 입학식 때부터 그런 얘기를 하더라.

폴 그레이엄에게 받은 가장 큰 영향이 있다면.

2014년 1월에 폴 그레이엄과 미팅을 했는데 미미박스가 조 단위 회사가 될 거라고 얘기해 줬다. 우리 회사를 자세히 알기도 전인데 빌리언 달러 컴퍼니가 될 거라니. 빌리언이라는 단어를 꿈꿔 본 적도 없는데. 밀리언도 안 되는데. 우리보다 더 확신에 찬 모습이었다. 누군가가 그런 말을 해줬다는 것 자체가 우리에게는 엄청난 믿음이었다. 돌아보면 폴을 비롯해서 YC

는 왜 이걸 해야 하는지, 왜 잘할 수 있는지, 왜 잘해야 하는지에 대한 질문을 통해 우리에게 많은 영향을 줬다.

순수 한국 기업이라 미국 문화나 시장이 낯설었을 텐데, 미국 사업에 대한 조언은 없었나?

한번은 폴을 찾아가서 미미박스라는 이름이 어떤지 물어봤다. 그랬더니 이렇게 답하더라. "미미박스 좋은데? 이상하잖아. 영어 못하는 사람이 지은 이름 같잖아. 너네한텐 그게 어울려. 헬로키티가 좋은 이름 같아? '안녕 고양이'인데? 너희들 약간 그런 느낌이야. 미미박스 해." 회사의 스토리를 하나하나 만들어 주셨다. 우리 제품을 만들라는 얘기도 있었다. "우리는 커머스를 하는 회사예요"라고 대꾸했지만, 그래도 만들어 보라고 했다. 현재 PB 상품이 1000종이고 전체 매출의 절반을 차지한다. 2014년의 그 조언이 PB 상품을 여기까지 키웠다.

데모데이 때도 폴 그레이엄의 도움을 많이 받았다고 들었다.

데모데이가 열리기 전에 3일간 회사별로 돌아가며 폴 그레이엄에게 발표를 했다. 폴 그레이엄이 내 영어 발음을 3일 동안 수정해 줬다. brand라고 말할 때 미국은 d 발음이 세다. 그 발음을 고쳐 준 기억이 난다. 프레젠테이션도 하나하나 지적해 줬다. 말하는 속도를 줄이고 유치원생에게 말하듯 하라고 했다. 발표하는 순서도 폴이 정했다. 64개 팀이 발표를 하니까 투자자들의 집중력이 빨리 떨어진다. 휴식 시간이 두 번 있는데 첫 번째 휴식 시간 직전이 가장 좋다. 폴이 3일 동안 우리 발표를 보더니 그 시간에 넣어 줬다.

슬라이드의 구성과 내용에 대한 팁은 없었나?

폴 그레이엄은 에세이를 쓰는 사람이다. 내용도 중요하지만 스토리를 잘 짜야 한다고 강조했다. 처음 듣는 사람도 쉽게 이해할 수 있는지, 투자자가 투자하고 싶어지는지에 집중했다. 결국 듣는 사람 위주로 스토리를 구성해야 한다. 창업자가 하고 싶은 얘기를 하면 안 된다. 듣는 사람의 입장에서 이 발표를 듣고 투자를 하느냐 마느냐가 핵심이다. 투자를 한다면 얼마나 하느냐에 맞춰서 회사가 지닌 장점을 부각하거나 현재 없는 기술 역량skill set을 갖추겠다고 해야 하고, 경우에 따라서는 장점도 드러내지 않아야 한다. 폴이 우리는 매출 성장이 좋으니까 현재 매출 성장을 얘기하라고 했다. 둘째로 연말이면 매출이 어느 정도까지 클 수 있다고 했고, 셋째로 매출 성장이 좋은 회사니까 투자하라고 했다. 곧 쉬는 시간이니까 지금 당장 애기를 하자고 했더니, 정말 많은 사람이 왔다. 그날 미팅 요청이 50건도 넘게 들어왔다.

그 사람들을 다 만났나?

다 안 만났다. 솔직히 그런 미팅은 소위 말하는 인바운드inbound 다. 만약을 대비해서 가지고 있는 리스트다. 실제로는 YC에서 정해 준 곳들을 만났다. YC에서 성장률이 좋았던 회사는 졸업하고 나서 1주일 동안 미팅 일정이 꽉 찬다.

YC 프로그램이 끝나는 날 폴 그레이엄과 찍은 사진. 폴 그레이엄은 YC가 선발한 첫 한국 회사이자 몇 안 되는 아시아 회사인 미미박스를 각별히 챙겼다.

졸업하고 처음 만난 투자자가 누구였나?

졸업 다음 날 아침 8시 미팅이 세쿼이아 캐피털이었다. 네 번을 만났는데 결국 투자가 성사되지는 않았다. 그래도 값진 경험이라고 생각한다. 졸업하던 날 폴 그레이엄이 산책을 가자고 했다. 우리를 되게 좋아해 주셨다. 같이 길을 걷다가 그러더라. "야, 너 누구 만나고 싶어?" 세쿼이아 캐피털이라고 하니까 다시 물었다. "거기서 누구?" 자포스Zappos COO를 지낸 알프레드 린Alfred Lin을 만나고 싶다고 했다. 그러니까 휴대폰을 꺼내서 문자를 보내더라. "야, 여기 디노(하형석 대표의 영어 이름)라고 있는데 내일 아침에 너희 사무실로 갈 거야." 세쿼이아에서 바로 답장이 왔다. "그래, 내일 보내."

> 2014년 폴 그레이엄이 사임하면서 샘 알트먼에게 회장직president을 넘겼다. 폴 그레이엄이 없는 YC는 상상하기 어렵다. YC 내부적으로도 큰 변화가 있었겠다.

폴 그레이엄이 있을 때는 엔젤펀딩을 하는 부티크 회사 같았다. 순수한 마음이 강하게 느껴졌다. 그렇다고 샘 알트먼이 순수하지 않다는 얘기는 아니다. 다만 굉장히 똑똑하게, 사업가 마인드로 접근하는 것 같다. 샘 알트먼이 회장을 맡으면서 YC

가 시스템화되었다. 디비전별로 사업부장을 배치하고, CEO들을 나누고, 엔젤 펀딩뿐만 아니라 더 큰 펀드들도 만들었다. 조 단위 펀드도 있다. 펀딩이 계속 이어질 수 있게 했다. 새로운 시도에 대한 비히클vehicle도 따로 만들었다. 폴 그레이엄이 YC를 키웠다면 샘 알트먼은 스케일을 확장했다.

샘 알트먼에게 회장직을 넘긴 이유가 뭘까?

YC를 떠나던 날, 폴 그레이엄이 갑자기 발표를 했다. "앞으로 샘 알트먼이 YC를 맡을 거야. 난 이 사람이 되게 잘할 거라고 믿어. 이 사람의 비전을 기다려 보자." 샘 알트먼은 YC 파트너들 사이에서도 생각과 판단이 빠르기로 유명하다. 1분 정도 듣고는 바로 "이렇게 하면 되겠네" 하고 냉철하고 객관적으로 얘기를 한다. 지금 YC의 성과가 좋지 않나. 그때 폴 그레이엄이 YC에 새로운 결정 구조와 문화가 필요하다고 생각한 게 아닐까 싶다. 또 YC는 더 이상 폴이 좋아하는 예술적인 작은 부티크가 아니다. 실리콘밸리는 물론이고 전 세계 스타트업 문화에서 지닌 역할이 커져서, 더 많은 곳에 투자하길 바라고 초기 투자를 넘어 더 큰 투자를 바라는 사람이 많다. 그게 폴과 완벽한 핏은 아니었던 것 같다.

두 번 정도 뵈었다. 원래부터 VC 생활보다 아티스트적인 삶을
좋아해서 그런 삶을 추구하고 있다고 하셨다. YC 이후에 미
미박스가 투자를 네 번 받았는데, 그때마다 YC 전체 파트너
에게 메일을 보내야 한다. 그럼 폴이 "잘하고 있구나. 너네는
지금 YC 중에 몇 등이다" 그런 얘기를 해줬다.

본질에 집중하라

YC라고 하면 막강한 네트워크를 빼놓을 수 없다.

YC 내부는 자본주의 사회를 냉철하게 반영하고 있다. 어느
정도 성장률이 나오지 않으면 아예 미팅을 안 잡아 준다. 그러
다 어느 순간 YC의 엘리트 그룹에 속하게 되면 이상한 초대
장이 날아온다. 영국 왕자가 왔다, 누가 왔다 이러면서 비공개
행사에 초대한다. YC를 졸업하기 2주 전부터는 상위 5~10개
팀을 뽑아서 투자자들과 일대일 미팅을 주선해 준다. 우리도
2주 전부터 VC들과 일대일 미팅을 가졌다.

일대일 미팅에서 주로 어떤 얘기를 나누나?

대부분 패턴이 있다. 본질적이고 단순한 질문이 많이 나온다. "너 이거 왜 해?", "뷰티가 이 세상에 왜 중요해?", "어디까지 키울 수 있을 것 같아?" 이런 질문이다. 현금이 얼마 남아 있고 어떻게 관리하고 있는지 이런 질문은 안 하고, 왜라는 질문만 계속 던진다.

본질에 집중하는 질문이 사업에 도움이 되던가?

사실 사업이라는 게 뭔지 모르고 시작하는 경우가 많다. 왜 이걸 내가 해야 돼, 왜 이게 잘될 수 있을까. 나 역시 아직 답을 찾고 있다. 매일 일하다 보면 내가 이 일을 왜 하는지 놓치기 쉬운데, 그런 질문이 생각을 원점으로 돌리고 나침반의 방향을 찾는 계기가 된다.

투자자 입장에서는 그런 질문에서 무엇을 얻을 수 있나?

투자자들은 회사에 대해 완벽하게 알 수가 없다. 90퍼센트는 알 수 없다. 창업자들이 대부분 나쁜 얘기는 안 하고 좋은 얘기만 하니까. 그래서 본질적인 질문이 내가 이 사람을 믿을 수 있는지 없는지를 판단하는 척도가 되는 것 같다. 그리고 지금 문제 해결을 하거나 답변할 때 가지고 있는 사고 체계를 보고 회사를 계속 키울 수 있을지 평가하는 것 같다.

미국 VC들도 그렇고 YC 파트너들도 그렇고 엄청난 비결이 아니라 당연한 말들만 하는 것 같다.

그렇다. 그런데 YC가 대단한 이유는 두 가지다. 첫째는 당연한 말인 것처럼 단순화하는 능력이다. 워낙 똑똑한 크루들이 모인 팀이라서 YC만큼 단순화할 수 있는 곳이 거의 없다. 둘째로 그 단순한 말을 계속 상기시키는 것이다. 모두 정직하게 살아야 하는 것은 알지만 어릴 때 도덕책에서 배우고 다시는 안 배우지 않나. 그런데 YC는 주별로, 월별로, 분기별로 계속 떠올리게 한다.

YC에서 가장 많이 반복하는 단순한 말이 있다면.

YC 티셔츠에도 적혀 있는 말이다. "Make something people want." 예전에 에어비앤비가 YC에 들어왔을 때의 일이다. 폴 그레이엄이 "너희 고객 어디 있어?"라고 하니까 뉴욕에 있다고 했단다. 그러자 폴이 그랬다더라. "그런데 왜 여기에 있어?

우리 프로그램 듣지 말고 매주 뉴욕 가." 그래서 매주 샌프란 시스코에서 뉴욕으로 갔다고 한다. (웃음) 고객이 원하는 것을 만들려면 고객과 가까이 있으라는 얘기다.

나무 당연해서 간과하기 쉬운 말이다. 막상 회사에서 제일 많이 오가는 얘기는 수치나 실적, 구체적인 지침들이다.

사실 나는 그 말이 지금 더 와닿는다. 성장에만 집중하다가 'Make something people want'를 못했다. 좋은 액션을 해야 매출이 나는데 매출만 신경 쓴다거나, 이용자가 좋아하는지 아닌지도 모르면서 마케팅에 과도하게 투자한다거나, 많은 실수를 했다. YC에 있는 동안에는 사람들이 원하는 것을 만드는 지가 우선이고, 그 아래에 성장이 있었다. 'Make something people want'는 회사가 아무리 커나가도 계속해서 중요하게 여겨야 하는 요소다. 요즘 그걸 다시 상기하고 있다.

미국에는 액셀러레이터가 포화 상태라고 할 만큼 많다. 유독 YC의 영향력이 큰 이유는 뭔가? 단순히 액셀러레이터의 시초이기 때문인가?

굉장히 솔직한 VC여서 그런 것 같다. YC는 이 회사는 잘되고 저 회사는 잘 안 된다는 얘기를 명확하게 한다. 'No bullshit'이다. 다른 액셀러레이터를 만나 보면 답을 구하기 위해 질문을 여러 개 하는데, YC는 단도직입적이다. 예를 들어 "너희들왜 이렇게 별로야?", "디자인이 왜 이렇지?" 곧바로 답을 구하는 질문을 한다. 그런 솔직한 문화가 인지도를 쌓지 않았을까. 특히 에어비앤비, 드롭박스 같은 대박 졸업생이 나오면서인지도가 더욱 높아졌다. VC를 운영하는 시스템 자체도 남다르다. 계속해서 변화하고 있지 않나.

YC를 하나의 회사로 보자면 강점이 뭔가?

먼저, 조직에서 한 명 한 명의 역량이 아주 뛰어나다. 홈조이의 아도라 청은 구글에서 시리즈B까지 투자를 받았다가 실패했는데, 그런 분을 파트너로 모신 것 자체가 굉장한 역량이다. YC에는 오퍼레이터 출신과 성공이든 실패든 극적인 경험을 가진 분들이 많다. 단순 조언이 아니라 오퍼레이터 입장에서 이런 일 저런 일도 고려해야 한다고 말해 준다. 둘째로, 쓸데없는 일을 안 하는 팀이다. 창업자들에게도 항상 그랬다. 파트너와 시간을 보내거나 파트너를 만족시키는 것, 콘퍼런스다니는 것은 전혀 중요하지 않다고. 우리도 너에게 쓸데없는건 안 물어볼 테니 너도 쓸데없는 짓 하지 말라고. 셋째로 YC

라는 브랜드가 추구하는 바가 단순한 투자자를 넘어 그 이상이었다. 그런 문화가 개개인과 시너지를 냈다.

YC를 졸업한 지 4년이 지났다. YC 파트너들에게 여전히 조언을 구하고 있나?

미국 사무실이 샌프란시스코에 있는데 YC와 1, 2층을 나눠 쓴다. YC가 2층에 있다. 수시로 올라가서 얘기한다. 사실 우리는 YC의 영혼을 많이 잃어버렸다. 조직은 이제 수백 명인데, YC 시절을 제일 강하게 경험한 사람은 나밖에 없다. 최근에 입사한 직원 중에 YC를 모르는 사람도 많다. 그래서 그 영혼을 잃지 않기 위해 노력을 많이 한다. 사무실도 일부러 그곳에 얻었다. 한국 사무실에도 벽에 폴 그레이엄의 말이 많이 걸려 있다. "사람들이 원하는 것을 만들어라.", "네가 완성시켜야 하는 건 회사가 아니라 고객에 대한 이해다." 그분은 너무 맞는 말씀만 하신다. (웃음)

마지막 질문이다. 미미박스는 뭘 하는 회사인가? 한 문장으로 정의해 달라.

어려운 질문이다. 얼마 전에도 공동 창업자끼리 비슷한 얘기를 했다. 우리도 우리 생각을 제대로 정의해 보지 못한 것이 사실이다. 미국에는 그걸 대신 해주는 곳도 있다. 창업자의 생각을 다 받아 적은 다음 '너희가 하는 일은 이거다'라고 정의해 준다. 링크드인도 조직이 350명일 때 회사의 미션을 재정의했다. 그 문장이 명확해지는 순간, 회사에 큰 성장이 온다고 들었다. 현재로는 이런 문장을 사용하고 있다. "Our mission at Memebox is to refocus beauty around our customers and accelerate the personalization of beauty." 뷰티를 고객으로부터 시작해 개인화를 가속화하자는 뜻이다. '뷰티를 왜, 어떻게 혁신해야 하나'라는 것은 솔직히 아직 해결하고 있는 중이다. 찾아가고 있는 상태다.

주

1 _ IT, 영화, 음악을 아우르는 세계 최대 창조 산업 축제다.

2 _ 초기 기업의 가치 산정이 어렵기 때문에 스타트업의 사업 모델이 시장에서 어느 정도 검증되어 벤처 캐피털 등이 투자를 하게 되는 다음 투자 라운드 시점에서 산정되는 밸류에이션을 기준으로 전환 가격을 정하는 방식이다. 〈스타트업의 투자 유치 방법은 어떤 것이 있나요?〉, 《플래텀》, 2016. 8. 18.

3 _ 기업 가치 산정 상한액을 의미한다.

4 _ 스타트업의 성과를 의미하는 용어로, 스타트업의 아이템에 대한 시장 수요가 있다는 양적인 증거를 뜻한다. 매출, 사용자 수, 등록자 수, 트래픽, 파트너십 등으로 판단한다. 〈트랙션〉, 《startup-wiki》

5 _ 청소 인력과 고객을 연결하는 O2O 서비스로 2012년 설립됐다. 사전 인터뷰를 통해 경험이 많고 자격증을 보유한 전문 인력을 투입하며 홈 클리닝 시장을 공략했다. 영국, 프랑스, 캐나다 등으로 서비스 지역을 넓히고 4000만 달러의 투자를 유치하며 주목받았지만, 수익 안정화에 실패하면서 2015년 7월 폐업했다. 김슬기, 〈O2O 시대의 교훈, 미국 '홈조이' 실패 사례〉, 《초이스경제》

6 _ 게임에 특화된 방송 서비스다. '스트리머(Streamer)'로 불리는 게이머들이 자신이 게임하는 영상을 생중계하고, 시청자들은 스트리머들의 영상을 보고 채팅으로 대화에 참여하는 등 커뮤니티를 형성한다. 처음에는 게임 분야만 방송하다가 2014년 8월 아마존에 인수된 뒤 음악 방송, 리얼리티 방송 등 다양한 콘텐츠로 확장됐다. 권도연, 〈트위치〉, 《블로터》

7 _ 대규모의 생산 자본과 판매 조직을 갖추고 있어서 경제뿐만 아니라, 일국의 사회·문화에도 크게 영향력을 미치는 대규모 기업이다. 〈빅 비즈니스〉, 《네이버 두산백과》

8 _ 불특정 다수에게 보내는 요청 메일이다.

9 _ 투자자들에게 스타트업의 사업 모델과 팀 소개를 하기 위한 짧은 형태의 발표를 뜻한다. 〈피치덱〉, 《startup-wiki》

10 _ '가치 제안'이라 일컬어지는 마케팅 용어로, 고객이 원하는 가치를 창조하기 위한 경쟁력 있는 제품이나 차별화된 서비스의 조합을 의미한다. 윤석원, 〈대구창조경제혁신센터, 새싹기업 20곳 발굴·지원〉, 《아시아뉴스통신》, 2018. 5. 10.

11 _ 고객인 기업이 필요로 하는 정보 시스템에 관한 기획부터 개발과 구축, 운영까지 개발 업체가 모든 서비스를 제공하는 일이다. 〈SI〉, 《네이버 두산백과》

12 _ 인터넷 마케팅 과정 중 하나로, 검색 엔진, 광고 등을 경유하여 접속하는 이용자가 최초로 보게 되는 웹페이지를 뜻한다. 〈랜딩 페이지〉, 《startup-wiki》

13 _ 최소 기능 제품(Minimum Viable Product). 최대한 빠르게 제품을 만드는 방법론을 수행하기 위해 필요한 최소 실행 가능 제품(서비스)을 의미한다. 〈MVP〉, 《startup-wiki》

14 _ 보통 사람의 범주를 뛰어넘어 세상에 발자취를 남기는 사람을 뜻한다.

15 _ 기존의 온라인 쇼핑몰과 다르게 개인 판매자들이 인터넷에 직접 상품을 올려 매매하는 곳이다. 온라인 쇼핑몰에서의 중간 유통 이윤을 생략하고 판매자와 구매자를 직접 연결시켜 줌으로써 기존보다 저렴한 가격으로 판매가 가능하다. 〈오픈 마켓〉, 《위키백과》

16 _ 내가 만들고 있는 제품이 시장에서 고객이 정말 원하는 제품인가를 검증하는 과정이다. 린 스타트업의 대가 스티브 블랭크(Steve Blank)는 프로덕트 마켓 핏이란 비즈니스 모델 캔버스의 나인 블록(9 block) 중, value proposition(어떤 제품 또는 서비스를 만들 것인가)과 customer segment(누구를 위해 만드는가) 사이의 핏을 맞추는 과정이며, 스타트업이 이 단계를 거치지 않고서 다음 단계로 넘어가는 것은 불가능하다고 언급한 바 있다. 그만큼 프로덕트 마켓 핏을 찾는 것은 스타트업의 생존 여부를 결정하는 핵심 과제다. 주승호, 〈'프로덕트 마켓 핏'의 진짜 의미는?〉, 《벤처스퀘어》, 2016. 7. 1.

17 _ 프렌들리 AI를 제고하고 개발함으로써 전적으로 인류에게 이익을 주는 것을 목표로 하는 비영리 인공지능 연구 기업이다. 2015년 10월, 일론 머스크, 샘 알트먼 등이 설립해 공동 의장으로 있다. 〈오픈AI〉, 《위키백과》

북저널리즘 인사이드 비즈니스의 본질은
사람이다

합격률이 2퍼센트에 불과한 스타트업계의 하버드. 에어비앤비, 드롭박스, 스트라이프 같은 유니콘 기업이 탄생하는 곳. 세계 기술 혁신의 중심인 실리콘밸리에서 가장 뛰어나다는 평가를 받는 액셀러레이터. YC를 설명하는 수식어는 어딘가 위압적이다. 그런 YC에서 살아남은 기업가라면 재능을 타고난 천재나 냉철한 비즈니스맨일 것만 같다.

지난 9개월간 YC를 졸업한 한국 창업가들을 만나면서 나의 막연한 생각이 착각이었음을 깨달았다. 직접 만난 YC 졸업사 대표들은 생각지도 못한 아이디어를 내는 천재라거나 일밖에 모르는 사업가는 아니었다. 작은 것에서 차이를 발견하고 많은 시간과 노력을 들여 고민하고 실행에 옮기는 노력파, 실천가에 가까웠다.

그들이 창업에 나선 과정은 모두 달랐지만 목표는 같았다. 사람들에게 행복을 주기 위해서였다. 빅터칭 대표는 믿을수 있는 가사도우미가 있다면 혼자 사는 사람들에게 만족을 줄 수 있을 것 같다는 생각에서 가사도우미 서비스 미소를 창업했다. 김윤하 대표는 직장인들이 틈틈이 명상할 수 있다면 정신 건강에 도움이 될 것이라는 생각에 5분 명상 콘텐츠 앱 심플 해빗을 창업했다.

이들은 작은 일에도 정성을 기울였다. 인터뷰를 하고, 피드백을 주고받는 데 이틀이면 충분했다. 누구보다 시간이 없다는 이들은 누구보다 부지런했다. 동시에 상대를 배려하고 존중했다. 추가 인터뷰가 여러 번 이어졌지만 모두가 반갑게 맞아 주었다. 정진욱 시어스랩 대표는 인터뷰를 마치고 팀원들을 소개해 주었다. 김로빈 브레이브모바일 대표는 부족한 부분이 있으면 언제든 다시 연락을 달라는 말을 잊지 않았다. 하형석 미미박스 대표는 한국에서 만나고, 미국에서 화상통화를 하면서 인터뷰에 응했다.

YC는 스타트업을 선발할 때 사업 아이템 못지않게 창업가의 면면을 중요한 기준으로 삼는다고 한다. 사업도 결국은 사람이 하는 일이기 때문이다. 천재적인 아이디어와 치밀한 수익 계산 이전에 사람에서 사업이 시작된다는 것은 첨단 기술 분야라고 해서 다르지 않을 것이다.

그래서 YC를 졸업한 한국인 창업가들의 이야기는 단순히 미국 시장에 진출하는 방법이나 창업의 기술, 투자 유치의 비결에 대한 것만은 아니다. 내가 아닌 다른 사람들이 원하는 것을 생각하고, 끊임없이 노력하며, 포기하지 않는 것. 너무 당연해서 아무도 떠올리지 않는 말을 매 순간 떠올리고, 실천하는 이들은 창업가뿐 아니라 일과 삶의 방식을 고민하는 모든 사람에게 메시지를 주고 있다.

김세리 에디터